Hafed Zarzour

Édition collaborative de données sémantiques

Hafed Zarzour

Édition collaborative de données sémantiques

Réplication optimiste pour l'édition collaborative des entrepôts sémantiques sur réseaux P2P

Presses Académiques Francophones

Impressum / Mentions légales
Bibliografische Information der Deutschen Nationalbibliothek: Die Deutsche Nationalbibliothek verzeichnet diese Publikation in der Deutschen Nationalbibliografie; detaillierte bibliografische Daten sind im Internet über http://dnb.d-nb.de abrufbar.

Alle in diesem Buch genannten Marken und Produktnamen unterliegen warenzeichen-, marken- oder patentrechtlichem Schutz bzw. sind Warenzeichen oder eingetragene Warenzeichen der jeweiligen Inhaber. Die Wiedergabe von Marken, Produktnamen, Gebrauchsnamen, Handelsnamen, Warenbezeichnungen u.s.w. in diesem Werk berechtigt auch ohne besondere Kennzeichnung nicht zu der Annahme, dass solche Namen im Sinne der Warenzeichen- und Markenschutzgesetzgebung als frei zu betrachten wären und daher von jedermann benutzt werden dürften.

Information bibliographique publiée par la Deutsche Nationalbibliothek: La Deutsche Nationalbibliothek inscrit cette publication à la Deutsche Nationalbibliografie; des données bibliographiques détaillées sont disponibles sur internet à l'adresse http://dnb.d-nb.de.

Toutes marques et noms de produits mentionnés dans ce livre demeurent sous la protection des marques, des marques déposées et des brevets, et sont des marques ou des marques déposées de leurs détenteurs respectifs. L'utilisation des marques, noms de produits, noms communs, noms commerciaux, descriptions de produits, etc, même sans qu'ils soient mentionnés de façon particulière dans ce livre ne signifie en aucune façon que ces noms peuvent être utilisés sans restriction à l'égard de la législation pour la protection des marques et des marques déposées et pourraient donc être utilisés par quiconque.

Coverbild / Photo de couverture: www.ingimage.com

Verlag / Editeur:
Presses Académiques Francophones
ist ein Imprint der / est une marque déposée de
OmniScriptum GmbH & Co. KG
Heinrich-Böcking-Str. 6-8, 66121 Saarbrücken, Deutschland / Allemagne
Email: info@presses-academiques.com

Herstellung: siehe letzte Seite /
Impression: voir la dernière page
ISBN: 978-3-8381-4573-0

Zugl. / Agréé par: Annaba, Université d'Annaba, 2013

Copyright / Droit d'auteur © 2014 OmniScriptum GmbH & Co. KG
Alle Rechte vorbehalten. / Tous droits réservés. Saarbrücken 2014

Résumé

Le développement fulgurant des technologies de l'information, des réseaux et des moyens de communication est à l'origine d'une expansion formidable du Web 2.0 qui a donné naissance à une nouvelle génération des éditeurs appelés *Editeurs collaboratifs* passant de la centralisation à la décentralisation et de l'individu à la communauté. Depuis son introduction, le type de données répliqué commutatif (CRDT) a été largement étudié et continue d'être l'objet de nombreux travaux de recherche. Conçu à l'origine uniquement pour les documents de type texte et déployé sur une architecture centralisée, il constitue de nos jours une manière convenable du maintien de cohérence des répliques sur des architectures distribuées notamment pour les GRIDs et les réseaux pair-à-pair (P2P). La technique CRDT a été appliquée avec succès sur différentes structures de données, dans l'édition collaborative pour les types de données linéaires, documents en arbre et semi-structurés, mais jamais pour les données de type sémantique ayant une structure d'ensemble et assurant les trois critères du modèle de causalité, convergence et intention (CCI). Cet ouvrage présente la conception d'une nouvelle approche originale, appelée srCE, destinée à la réplication optimiste pour l'édition collaborative des stores sémantiques sur un réseau P2P. L'idée principale de ce travail est de concevoir un nouveau type de données commun et réplicatif pour les entrepôts sémantiques ayant une structure des ensembles qui dépasse les limites d'un éditeur centré sur une architecture client/serveur à une architecture dynamique P2P, et cela afin de supporter la construction des connaissances de façon collaborative, de supporter le passage à l'échelle en termes d'utilisateurs et ressources, de supporter la dynamicité des pairs et d'assurer la disponibilité des triples-stores. A partir d'un prototype développé autour de FOAF (Friend Of A Friend), nous avons mené des expériences pour évaluer le modèle srCE. Les résultats montrent que ces différentes contributions satisfont les objectifs fixés tout en étant performantes et efficaces.

Mots-clés : Edition collaborative, CRDT, CCI, Cohérence, Réseaux P2P, Store sémantique.

Abstract

The rapid development of information technology, networks and tools of communication is the origin of the expansion of Web 2.0 which has given birth to a new generation of editors called collaborative editors, going from centralization to decentralization, from individual to community. The common replicated data type (CRDT) has been extensively studied and continues to be the subject of much research. Originally designed only for text documents and deployed on a centralized architecture, it is nowadays a suitable to maintain consistency of the replicas on distributed architectures especially for Grid and peer-to-peer (P2P). This technique has been successfully applied to different data representations types in scalable collaborative editing for linear, tree document structure and semi-structured data types but not yet on set data type ensuring causality, consistency and intention (CCI) preservation criteria. This book presents the srCE approach, a novel CRDT for a set structure to facilitate the collaborative and concurrent editing of semantic stores in large-scale by different members of virtual community. The main idea of this work is to develop a new CRDT for distributed semantic stores having a set structure which exceeds the limits of an editor based on a client / server architecture to a dynamic P2P, and that in order to support the construction of knowledge in a collaborative way, to support the scalability in terms of users and resources and to support the dynamicity of peers and ensure the availability of triple-stores. A prototype implementation using Friend Of A Friend (FOAF) datasets with and without the srCE model illustrates significant improvement in scalability and performance.

Key-words: Collaborative Editing, CRDT, CCI, Consistency, P2P Networks, semantic store.

ملخص

التطور السريع لشبكات ألمعلومات والتكنولوجيا ووسائل الاتصال هو أصل التوسع الهائل الذي يعرفه الويب 2.0 و الذي أدى بدوره الي ظهور جيلا جديدا من المحرر مما يطلق عليه المحرر التعاوني انطلاقا من المركزية إلى اللامركزية و من الفرد الي المجموعة. منذ عرضه، ونوع البيانات المنسوخة والتبادلية (CRDT) كان محور العديد من الدراسات على نطاق واسع ولا يزال موضوع الكثير من البحث, وكان قد صمم في الأصل للمستندات لأجل النصوص فقط و التي يتم تطبيقها على بنية مركزية، فإنه في الوقت الحاضر أصبح وسيلة مريحة للحفاظ على اتساق النسخ المتماثلة على أبنية الموزعة وخاصة منها القريد و الشبكات الند للند (P2P) . تم تطبيق بنجاح تقنية CRDT على الكثير من البيانات المختلفة خلال التحرير التعاوني لأنواع من البيانات الخطية والوثائق ممثلة في شجرة و كذلك في شبه منظمة، ولكن لم تطبق أبدا على نوع البيانات هيكل مجموعة مع ضمان المعايير الثلاثة للنموذج (CCI) . يقدم هذا البحث تصميم نهج جديد للتحرير التعاوني ، يدعى srCE، للنسخ المتماثلة و الموزعة على شبكة P2P . الفكرة الرئيسية لهذا العمل تتمثل في تطوير نوع جديد من البيانات سمح من خلاله تبادل العمليات من خلال ثمط مشترك وفعال قصد الحصول على توافق دائم ، وهذا لدعم بناء المعرفة بطريقة تعاونية، وكذلك لدعم التوسع من حيث المستخدمين والموارد بطريقة ديناميكية ، وضمان توافر التناسق للمعلومات. تم تطوير نموذج أولي حول FOAF حيث أجرينا تجارب لتقييم srCE ، فقد بينت النتائج أن هذه المساهمات المقترحة تحقق أهداف مختلفة بفعالية و كفاءة.

كلمات مفتاحية: الكتابة التعاونية, س.ر.د.ت, س.س.س.أ, تناسق, شبكة الند للند, القواعد ذو معنى.

DEDICACE

A ma chère mère Zohra

A la mémoire de mon père

A mes chères filles Arij & Maram

A mon frère Majedi, ma sœur Nabila et leurs familles

A mes tantes et oncles

A toute ma famille

A tous mes amis

A tous qui m'ont souhaité le succès

Et le bonheur dans ma vie …

Je dédie ce modeste travail

HAFED

Remerciements

Je tiens tout d'abord à exprimer toute ma reconnaissance et mon profond respect à monsieur SELLAMI Mokhtar, professeur à l'université de Annaba, pour son encadrement depuis l'ingéniorat, le magister et pendant les années de thèse et pour sa confiance et son soutien. Son soutien et ses précieux conseils m'ont permis de mener ce travail dans de très bonnes conditions. Merci beaucoup Prof SELLAMI.

Je voudrais remercier Prof Benmohamed Mohamed de m'avoir fait l'honneur de présider mon jury. Je veux également exprimer toute ma gratitude à Pr Kholladi Kheireddine, Pr Khadir Mohamed Tarek et Pr Seridi Hassina pour avoir accepté d'être examinateurs de ce mémoire.

J'adresse également mes plus sincères remerciements au Prof PASCAL MOLLI de m'avoir accueilli en stage avec beaucoup de gentillesse au sein du laboratoire d'informatique de Nantes Atlantique. Tout au long de ce stage, j'ai pu bénéficier de ses conseils et j'ai pu apprécier sa disponibilité.

Je tiens à exprimer également mes plus chaleureux remerciements au Dr HALA SKAF-MOLLI pour son accueil et la patience qu'il m'a accordés durant le mois de stage au LINA.

Je souhaite exprimer toute ma gratitude au Dr OLIVIER CORBY, responsable de l'équipe Edelweiss, pour l'opportunité qu'il m'a offerte en m'accueillant au sein de son équipe à l'INRIA de Sophia-Antipolis.

Merci à tous ceux qui ont contribué de près ou de loin à l'élaboration de ce travail.

Listes des figures

Figure 1.1 : Violation de la convergence après exécution des opérations concurrentes 14
Figure 2.3 : Respect de la causalité entre les opérations 40
Figure 2.4 : Cas de divergence après l'exécution des opérations concurrentes 43
Figure 2.5 : Cas de préservation de l'intention après l'exécution d'un ensemble opérations 45
Figure 3.1 : Divergence des répliques 51
Figure 3.2 : Fonction de transformée opérationnelle entre deux insertions 51
Figure 3.3 : Convergence après l'intégration d'une opération de transformée opérationnelle 52
Figure 3.4 : Représentation d'un document TreeDoc 57
Figure 3.5 : Représentation d'un document Logoot [WEI 09] 58
Figure 3.6 : Divergence après une exécution de modification concurrente dans la proposition C-Set .. 64
Figure 4.1 : Exemple de représentation graphique d'une relation de précédence entre trois opérations 71
Figure 4.2 : Etat de cohérence quand le système est au repos 73
Figure 4.3 : Exemple de génération du RDF store résultant 78
Figure 4.4 : Exemple d'exécution des opérations de base sur la structure srCE 84
Figure 4.5 : Etat de convergence après intégration des opérations concurrentes 86
Figure 4.7 : Procédure d'exécution d'une opération locale 88
Figure 4.8 : Procédure de récupération d'une opération distante. 89
Figure 4.9 : Procédure d'exécution des opérations locales et distantes. 90
Figure 4.10 : Procédure d'insertion d'un nouveau triplet. 91
Figure 4.11 : Procédure de suppression d'un triplet. 92
Figure 4.11 : Fonction de construction du store résultant 93
Figure 5.1 : Profil FOAF écrit au format *Turtle* 105
Figure 5.2 : Profile FOAF écrit en notation *Triple* 105
Figure 5.3 : Relation entre les stores R, A et D 108
Figure 5.4 : Taille relative des RDF stores 110
Figure 5.5 : Tailles des RDF stores résultants avec et sans l'intégration du modèle srCE 111
Figure 5.6 : Pourcentage de la taille des triplets résultants obtenus par srCE divisé par les triplets résultants sans srCE 112
Figure 5.7 : Similarité entre deux stores sémantiques exécutant des opérations concurrentes 114
Figure 5.8 : Similarités Relatives 115

Table des Matières

Résumé i
Abstract iii
ملخص iv
Remerciements vi
Listes des figures vii
Table des Matières viii
Chapitre I : Introduction générale 10
   1.1 Contexte 11
   1.2 Problématique 12
   1.3 Structure du manuscrit 16
Première partie : Etat de l'art 18
Chapitre II : Espaces du travail collaboratif 19
   2.1 Introduction 20
   2.2 Concept du travail collaboratif 22
      2.2.1 Espace du travail collaboratif 23
         2.2.1.1 Espace du travail collaboratif à un seul service 24
         2.2.1.2 Espace du travail collaboratif à multiservices 24
   2.3 Edition collaborative 25
      2.3.1 Définition 25
      2.3.2 Editeur Collaboratif 26
      2.3.3 Motivations 27
      2.3.4 Quelques Plateformes d'édition collaborative 28
   2.4 Edition collaborative sur les réseaux P2P 31
      2.4.1 Réplication de données 33
         2.4.1.1 Réplication pessimiste 33
         2.4.1.2 Réplication optimiste 34
      2.4.2 Edition collaborative P2P des stores sémantiques 35
   2.5 Le modèle CCI 37
      2.5.1 Causalité 37
      2.5.2 Convergence 40
      2.5.3 Intention 43
   2.6 Conclusion 46
Chapitre 3 : Cohérence dans les environnements d'édition collaborative 47
   3.1 Introduction 48
   3.2 Cohérence dans les environnements d'édition collaborative 49

    3.2.1 Technique des Transformées Opérationnelles 49
        3.2.1.1 Condition de convergence 52
        3.2.1.2 Solutions basées sur TO 53
    3.2.2 Technique CRDT 55
        3.2.2.1 Solutions basées sur CRDT 56
  3.3 Systèmes pour les stores sémantiques sur les réseaux P2P 59
  3.4 Conclusion 67
Deuxième partie : Contributions 68
Chapitre IV : Proposition de l'approche srCE 69
  4.1 Introduction 70
  4.2 Modèle srCE 71
    4.2.1 Modèle de stockage 75
    4.2.2 Modèle d'intention 79
    4.2.3 Opérations de modification 80
  4.3 Algorithmes 87
    4.3.1 Algorithme d'exécution des opérations locales 88
    4.3.2 Algorithme de récupération des opérations distantes 89
    4.3.3 Algorithme d'exécution des opérations locales et distantes 89
    4.3.4 Algorithme d'insertion d'un triplet 90
    4.3.5 Algorithme de suppression d'un triplet 91
    4.3.6 Algorithme du calcul de l'ensemble résultant 92
  4.5 Correction du modèle srCE 93
  4.6 Conclusion 98
Chapitre VI : Expérimentation 99
  5.1 Introduction 100
  5.2 Méthodologie 101
    5.2.1 Description du prototype 101
    5.2.2 Set-up de l'expérimentation 103
  5.3 Résultats 107
  5.4 Conclusion 116
Conclusion Générale & Perspectives 117
  6.1 Conclusion 118
  6.2 Perspectives 121
Références Bibliographiques 123

Chapitre I : Introduction générale

Chapitre 1 : Introduction générale

1.1 Contexte

La notion de travail collaboratif assisté par ordinateur (TCAO en anglais CSCW : Computer Supported Cooperative Work) n'est pas nouvelle en soi mais a pris ces dernières années une nouvelle dimension avec l'essor des services du Web 2.0 qui offrent aux communautés virtuelles des possibilités nouvelles en terme de collaboration, notamment dans le cadre d'édition collaborative de documents. Les services développés dans ce contexte ont pour but principal de proposer de nouveaux paradigmes de travail en équipe et de développer de nouveaux environnements collaboratifs qui s'appuient sur des réseaux informatiques, avec en particulier l'Internet. La nouvelle génération du Web, le Web 2.0 appelé également Web Collaboratif [TIM 05] est destinée à la conception et au déploiement de services collaboratifs sur le Web. Le Web 2.0 combine, d'un côté, une amélioration des interfaces homme-machine et de l'autre, des structures plus flexibles, des protocoles de communication plus accessibles, une interopérabilité plus avancée. En effet, le point fort du Web 2.0 n'est pas une réalisation technologique mais repose sur le succès de solutions collaboratives ou pair-à-pair (P2P) dont les Wikis et les blogs symbolisent la réussite.

Aujourd'hui les systèmes d'édition collaborative montrent l'importance du Web 2.0 en transformant des internautes en écrivains du Web. De ce fait, l'édition collaborative est devenue une modalité du travail qui va au-delà du travail individuel en s'inscrivant explicitement dans une dynamique du travail collaboratif. Un éditeur collaboratif, utilisé par des larges communautés, permet à plusieurs participants qui sont répartis dans l'espace, le temps et depuis différents sites distribués à travers le Web d'éditer en parallèle des données partagées en produisant de grande quantité d'informations. Ces informations peuvent être de tout type : texte, graphe, dessins, figure, audio, vidéo, programme, XML, triplets ...etc.

Les principaux avantages d'un éditeur collaboratif incluent la minimisation des erreurs et l'augmentation de la productivité grâce à l'accélération dans le processus de tâches et la réduction du temps de leur réalisation. Les systèmes d'édition collaborative offrent aussi des méthodes de travail efficaces qui aident à développer des points de vue différents et un outil performant de flexibilité et de convivialité, où il est facile pour les utilisateurs de contribuer de n'importe où et n'importe quand dans le monde avec efficacité.

Afin d'avoir un système robuste assurant la tolérance aux pannes, le besoin de répliquer les données à diverses équipes disséminées sur le globe a conduit à la conception d'une infrastructure distribuée, partageable, et c'est là qu'intervient le système P2P. Les plateformes d'édition des stores sémantiques à travers des infrastructures P2P sont une nouvelle génération des systèmes d'édition collaborative. Une plateforme d'édition collaborative sur un réseau P2P est considérée comme une association entre les technologies du Web sémantique d'une part et les réseaux P2P d'autre part. Cette association permet d'exploiter le potentiel important de l'infrastructure P2P dans l'édition collaborative des stores sémantiques.

1.2 Problématique

De nos jours, le développement d'un système efficace permettant le passage à l'échelle pour l'édition collaborative des triplets RDF (Resource Description Framework) sur les réseaux P2P devient un enjeu majeur pour de nombreux environnements du Web sémantique, lesquels sont confrontés à une explosion du volume des données. L'idée principale est de répliquer les données RDF sur des stores locaux pour tous les pairs qui collaborent ensemble. La propriété clé est de savoir comment assurer la cohérence des répliques exécutant des opérations concurrentes, i.e., à la fin du cycle de vie de l'édition, toutes les répliques des stores distribués sont identiques. Il s'agit d'un processus très difficile à mettre en œuvre en raison du fait que de nombreuses requêtes peuvent rentrer en conflit lors de l'édition, de la synchronisation et de la modification concurrente.

Pour illustrer la nature et l'ampleur de certains défis posés par le problème dû à l'édition collaborative des stores sémantiques ayant une structure d'ensemble, nous allons identifier le conflit et dégager les solutions permettant d'y remédier à l'aide d'un contre-exemple lié aux approches existantes et proposées dans ce contexte.

Considérerons trois utilisateurs sur trois pairs différents qui travaillent simultanément pour éditer un store RDF. Le store RDF est décrit comme un ensemble de triplets, où chaque triplet contient trois composants <sujet, prédicat, objet>.

Les utilisateurs travaillent sur leurs pairs étant appelés : Peer-1, Peer-2 et Peer-3 respectivement comme il est illustré dans la figure 1.1, avec leurs activités séquentielles. Les trois pairs sont interconnectés par un réseau informatique.

Initialement, chaque pair possède une copie du store sémantique partagé qui est considéré comme vide. Le premier utilisateur effectue deux opérations sur sa réplique locale, $Op1=inst(T1)$ pour insérer le triplet T1 et $Op2= Ddel(T1)$ pour supprimé le triplet ainsi inséré, ces opérations sont ensuite propagées aux Peer-2 et Peer-3 pour y être exécutées. Une fois reçues par le pair Peer-2, op1 et op2 sont tout de suite exécutées séquentiellement. Après cela, le deuxième utilisateur met à jour sa copie locale du store RDF en exécutant l'opération $Op3 =inst (T1)$, qui insère un nouveau triplet T1, cette opération est publiée immédiatement. Dans peer-3, lorsque Op1 est exécutée, le troisième utilisateur supprime le triplet T1 en effectuant Op4=del(T1) avant l'exécution de Op2. Durant cette étape, Op4 est envoyée au Peer-2 pour s'intégrer à sa réplique. Ensuite, Op3 et Op4 sont rejouées respectivement sur Peer-2 et Peer-3. A la fin de l'exécution des modifications concurrentes, les répliques du store de données sémantiques divergent. C'est parce que les opérations d'insertion et de suppression du même triplet, dans le cadre de la structure d'ensemble exécutées dans un ordre différents sur toutes les répliques, ne commutent pas. Ainsi, les intentions des opérations d'insertion et de suppression sont violées, la convergence ne serait donc pas assurée.

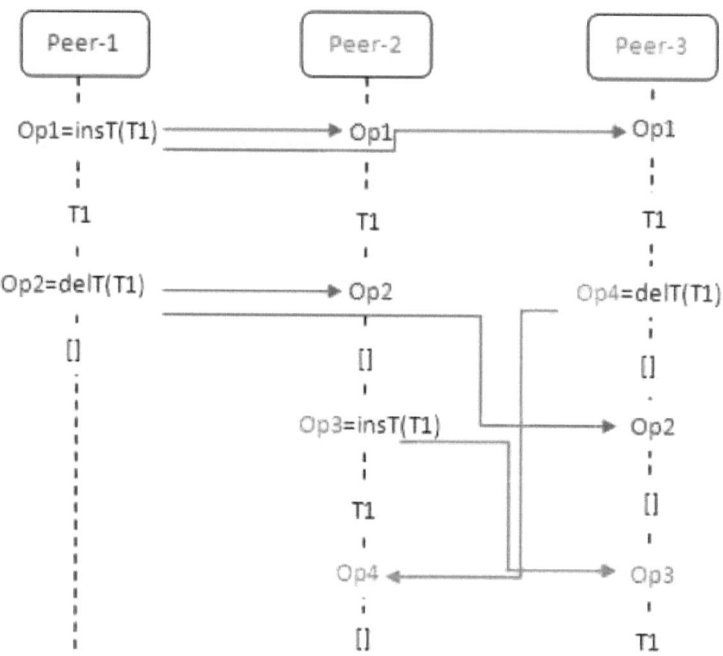

Figure 1.1: Violation de la convergence après exécution des opérations concurrentes

Les conflits des systèmes d'édition collaborative des stores sémantiques distribués sur un réseau P2P se produisent principalement lorsque deux utilisateurs modifient concurremment le même triplet d'un entrepôt RDF partagé. Pra conséquent, si un pair exécute l'opération d'"insertion puis l'opération de suppression, le triplet n'est plus dans le store sémantique. Par contre, si un pair exécute d'abord l'opération de suppression, qui est sans effet car le triplet n'est pas dans le store sémantique, puis l'opération d'insertion, le résultat final ne contient que le triplet inséré. La convergence n'est donc pas garantie. Ceci peut être exprimé comme suit:

ins (T)>> del (T) ≠del (T) >> ins (T), où le symbole >> désigne la relation de précédence lors de l'exécutions des opérations.

En effet, si deux opérations de type différent affectent le même élément, elles sont potentiellement en conflit. Pour résoudre ce conflit, il faut décider laquelle de ces opérations doit être prise en compte ou ignorée. Si on décide de ne pas ignorer aucune de ces opérations, on doit donc conserver un ordre d'exécution identique dans tous les pairs du réseau. En fait, ce n'est pas logique que le résultat obtenu ne correspondra à aucune intention des éditeurs.

Le défi de ce travail est donc de développer un modèle de réplication optimiste pour les stores sémantiques distribués. Le développement d'un tel modèle pour ce type de données implique la description d'une nouvelle structure de données adéquate et la définition des opérations sur cette structure avec leurs intentions.

En tant que environnement d'édition collaborative, un environnement de réplication est correct s'il respecte le modèle de cohérence CCI (causalité, convergence et intention) [SUN 98a]. A la lumière de cette perspective, on a proposé une nouvelle approche, s'appelle srCE, qui permet aux utilisateurs distants non seulement de partager des données sémantiques mais aussi d'exécuter des opérations concurrentes à grande échelle sur des répliques à travers un réseau P2P et d'aboutir à des résultats identiques sans aucun contrôle complexe ou synchronisation.

Il s'agit d'un nouveau type de données répliqué commutatif CRDT [PRE 09] qui assure le modèle de cohérence CCI. L'idée principale est que chaque couple d'opération concurrente commute afin d'adresser les problèmes de réconciliation et de passage à l'échelle. Cela combine les avenages des environnements collaboratifs et ceux des réseaux P2P.

1.3 Structure du manuscrit

Nous avons structuré ce manuscrit en deux parties, une introduction et une conclusion générale. La première partie consacrée à l'état de l'art est composée de deux chapitres. Le premier sur les espaces du travail collaboratif existants sur le Web pour situer et comprendre principalement le concept d'édition collaborative et le second sur les principales techniques utilisées pour assurer la cohérence dans les environnements d'édition collaborative:

Le chapitre 2 intitulé « Espaces du travail collaboratif », explore le concept du travail collaboratif, et le concept d'édition collaborative ainsi que les principales orientations et techniques utilisées pour traiter les problèmes de la réconciliation lors de l'édition concurrentielle des stores sémantiques sur une infrastructure P2P

Le chapitre 3 intitulé « Cohérence dans les environnements d'édition collaborative», dresse un état de l'art relatif au passage technologique de la technique des transformés opérationnelles vers la technique de données de type répliqué et commutatif CRDT en mettant l'accent sur l'anatomie de CRDT, ainsi que sur les motivations de s'appuyer sur les potentialités offertes par le modèle de l'architecture distribuée dans le contexte des environnements d'édition collaborative sur les réseaux P2P. Une dernière section est consacrée aux approches les plus significatives retenues dans ce contexte.

La deuxième partie présentant nos contributions est divisée en deux chapitres :

Le chapitre 4 intitulé « Proposition de l'approche srCE», présente la conception d'une nouvelle approche originale, appelée srCE, destinée à la réplication optimiste pour l'édition collaborative des stores sémantiques sur un réseau P2P. L'idée principale de ce travail est de concevoir un nouveau type de données commun et réplicatif (CRDT) pour les entrepôts sémantiques ayant une structure des ensembles qui dépasse les limites d'un éditeur centré sur une architecture client/serveur à une architecture dynamique pair-à-pair, et cela afin de supporter la construction des connaissances da façon collaborative, de supporter le passage à l'échelle en termes d'utilisateurs et ressources, de supporter la dynamicité des pairs et d'assurer la disponibilité des triples-stores.

Le chapitre 5 intitulé « Expérimentation », présente des résultats expérimentaux obtenus à partir d'une mise en œuvre d'un prototype de notre environnement srCE. Dans un premier temps, nous évaluions l'impact sur le passage à l'échelle de l'intégration du modèle, srCE, de l'édition collaborative des stores partagés à SPARQL/UPDATE. Dans un deuxième temps, nous évaluons la similarité des stores exécutant des opérations concurrentes lors d'une session collaborative.

Première partie : Etat de l'art

Chapitre II : Espaces du travail collaboratif

2.1 Introduction

Le développement fulgurant des technologies de l'information, des réseaux et des moyens de communication est à l'origine d'une expansion formidable du Web qui a donné naissance à une nouvelle génération des éditeurs appelés *Editeurs collaboratifs* passant de la centralisation à la décentralisation et de l'individu à la communauté. Un éditeur collaboratif permet donc l'édition en parallèle d'un document partagé par plusieurs participants distribués dans l'espace, le temps et au sein d'organisation virtuelle. L'édition collaborative vise à la réduction des erreurs, la réduction du temps de terminaison d'une tâche, l'obtention des différents points de vue et compétences ainsi que la construction d'un document plus précis. Les environnements d'édition collaborative permettent aux utilisateurs de rester en synchronisation, que les données partagées soient au bureau ou partout dans le monde. Les modifications apportées par un participant sur sa propre réplique sont immédiatement diffusées aux autres, cela signifie que plusieurs participants au sein d'une organisation virtuelle peuvent travailler ensemble pour éditer simultanément des documents ou un ensemble de données partagées sur une architecture distribuée via l'échange des opérations effectuées sur les différentes répliques. Dans ce chapitre, nous présentons un état de l'art relatif à la notion du travail collaboratif, ainsi que les aspects à mettre en œuvre pour supporter l'engagement de plusieurs personnes dans un contexte d'édition collaborative.

Dans un premier temps, nous présenterons de manière détaillée la notion du travail collaboratif et les grandes catégories des systèmes coopératifs, ainsi que le classement de différentes propositions que nous avons trouvées dans la littérature, et qui, d'une manière ou d'une autre, offrent des solutions pour élargir les possibilités actuelles de collaboration sur le Web.

Dans un deuxième temps, nous présenterons le concept de l'édition collaborative et les principales orientations et techniques utilisées pour traiter les problèmes de la réconciliation lors de l'édition concurrentielle des stores sémantiques sur une infrastructure P2P. Ensuite, nous présentons le modèle de cohérence CCI (Causalité, Convergence, Intention) pour la réplication optimiste de données.

2.2 Concept du travail collaboratif

C'est vers le début des années 90 que les premières recherches sur le concept du travail collaboratif sont apparues. La notion du TCAO (Travail Coopératif Assisté par Ordinateur) ou CSCW (Computer Supported Cooperative Work) est introduite pour la première fois par [ELL 91]. Comme toutes les technologies en pleine évolution, le travail collaboratif peut être défini de différentes manières selon le contexte. Dans la littérature, le travail collaboratif est fréquemment décrit de manière mettant en commun les activités humaines tout en faisant intervenir plusieurs individus en deux modes de collaboration, soit en mode synchrone où la co-présence des individus est obligatoire, soit en mode asynchrone où la présence n'est pas requise.

Le travail collaboratif vise à offrir aux membres au sein d'une communauté virtuelle des outils qui peuvent être utilisés en réseau afin d'atteindre des buts communs [SEL 07]. Pour clarifier nos propos, deux citations plus précises définissent bien le domaine des systèmes collaboratifs: la première est donnée par [ELL 91] :

« Système à base d'ordinateurs qui supporte des groupes de personnes réalisant en commun une tâche ou un but et qui fournit une interface pour accéder à un environnement commun ».

Et la deuxième est donnée par [KRA 88] :

« Système informatique qui facilite la résolution de problèmes par un ensemble de décideurs travaillant en groupe ».

Plus formellement, un système collaboratif est donc un système informatique qui regroupe plusieurs participants répartis au sein de groupes différents. Ce système facilite la prise en charge d'activités commune aux membres d'un groupe et fournit une interface pour un environnement partagé.

Les systèmes collaboratifs actuels sont principalement répartis suivant deux catégories à savoir les collecticiels et les systèmes de Workflows [SAL 05].

Le collecticiel (ou groupware) désigne tous les produits logiciels, outils, services ou plates-formes, conçus pour des groupes d'utilisateurs. Le collecticiel représente la technologie qui met en œuvre cette coopération en exploitant les progrès marqués par les technologies d'information dans le domaine des réseaux, mais aussi dans les domaines du matériel et du logiciel. Toutes les technologies qui mettent en œuvre la communication et le partage d'information ont aussi une place importante dans cette technologie (groupware) qui peut être définie comme étant tout système aidant les individus à coopérer au sein d'un groupe en vue d'atteindre des objectifs communs [KHO 98].

Le workflow s'attache à la définition des rôles et à l'exécution des tâches inhérentes aux activités du processus. Au-delà, le workflow s'étend à la gestion des mécanismes de coordination et de coopération entre les différents acteurs d'un processus. Dans toutes les organisations, la division du travail et le mécanisme de coordination qui lui sont sous-jacents, reposent sur de nombreux procédés structurés et prédéfinis. A cet effet, le workflow recouvre tous les processus de travail prédéfinis pour lesquels il est possible de formaliser des règles de gestion et de coordination. Ces règles sont ensuite implémentées dans un système de gestion de workflow, système qui permet d'améliorer les performances en qualité des produits et services fournis, aussi en réduction des coûts et de délais au niveau de nombreux processus.

2.2.1 Espace du travail collaboratif

Un espace du travail collaboratif est une plateforme de travail collaboratif qui peut se présenter comme un site centralisant tous les produits liés à la gestion d'un projet et les met à disposition des utilisateurs [ZAR 07]. L'objectif de tel espace est de faciliter et optimiser la communication entre les participants au sein d'une communauté virtuelle dans le but d'atteindre un objectif en mettant en commun leurs compétences.

Les espaces du travail collaboratif actuels peuvent se diviser en deux groupes à savoir le groupe des espaces offrants une seule solution collaborative dit *Espace du travail collaboratif à un seul service*, et le groupe des espaces offrant à la fois plusieurs solutions collaboratives dit *Espace du travail collaboratif à multiservices*, et qui permet à des utilisateurs de collaborer par différents outils sur le Web.

2.2.1.1 Espace du travail collaboratif à un seul service

Dans ce groupe, chaque espace est constitué généralement d'un seul outil collaboratif à savoir le co-navigateur, le tableau partagé, etc. Parmi les projets qui ont été les plus significatifs dans ce groupe, il y a le navigateur collaboratif Colab, développé par G. Hoyos [HOY 02], le tableau blanc partagé de l'environnement prototype Platine [PLA 12], le Wiki Wiki Web [WIK 12] qui met en place un système coopératif pour créer des pages sur le Web et la plateforme collaborative, CAliF Multimédia [GUY 99] qui permet de concevoir des applications coopératives multimédia pour différents domaines sans avoir à se soucier des problèmes liés aux communications des membres coopérants, à la gestion de la cohérence des données et à la diffusion des média continus (vidéo, voix ...).

2.2.1.2 Espace du travail collaboratif à multiservices

Les espaces proposant plusieurs solutions pour gérer la collaboration entre plusieurs utilisateurs raccordés sur le Web ont deux caractéristiques communes qui sont : (i) ils sont constitués de plusieurs composants de communication permettant aux utilisateurs d'interagir entre eux, (ii) ils sont accessibles depuis un simple navigateur Web. Parmi les systèmes les plus représentatifs que nous avons identifiés dans ce groupe nous pouvons citer : TIXEO [TIX 12] qui fournit les logiciels WorkSpace3D et meeting3D destinés au travail partagé et apporte des solutions performantes sur le marché de la Web conférence et vidéo conférence, NetDIVE [24] qui comporte une messagerie WeMeeting, un outil de téléconférence via le Web eAuditorium, une application de navigation partagée CallSite et un serveur de chat SiteSticky, PlaceWare [MIC 12] qui intègre toutes les applications du travail Office, WebEx [WEB 12] qui représente un outil performant pour la réalisation de réunions virtuelles sur le Web, Sametime [LOT 12] appelé également IBM Lotus Instant Messaging and Web Conferencing, il permet d'organiser une réunion pour des groupes géographiquement distribués, WebCT [PRO 12] [GAN 12] qui correspond à un système basé sur Internet afin de permettre le développement, la gestion, puis la diffusion asynchrone de modules de formation et enfin les deux plateformes d'e-learning sous licence open source Sakai [SAK 12] et Moodle [MOO 12]. Ces espaces collaboratifs sont des produits commerciaux et libres.

2.3 Edition collaborative

2.3.1 Définition

L'édition collaborative est une nouvelle technologie en plein développement dans des organisations et communautés de plus en plus diverses et cela sous diverses formes, modalités et outils. Dans la littérature, il existe de multiples définitions du terme édition collaborative. L'une de ces définitions qui permet de clarifier les différentes dimensions de ce terme très large est fournie par [PAU 04], il s'agit d'un processus de deux ou plusieurs auteurs travaillant ensemble afin de produire des documents plus complexes.

Autrement dit, il s'agit d'une division d'une fonction en tâches qui seront attribuées entre auteurs agissant de façon autonome, chacun depuis son site.

De ce fait, l'édition collaborative est donc une modalité du travail qui va au-delà du travail individuel en s'inscrivant explicitement dans une dynamique du travail collaboratif. Elle nécessite ainsi des membres d'une organisation virtuelle interagissant entre eux par échange d'opérations de modification et requiert des ressources partagés sur lesquelles les opérations générées sont exécutées mutuellement. Cela étant dit, ce mode d'édition laisse à penser qu'il permet d'atteindre de meilleures performances en termes de productivité, interaction, temps de réalisation ou encore d'utilisation optimisée des ressources mises à disposition.

En ce sens, l'édition collaborative incite les membres à mener des activités orientées vers les autres pour contribuer à un résultat collaboratif et identique qui est autre chose que la somme des résultats autonomes [SYL 04].

Une part du succès de l'édition collaborative tiendra notamment à la construction de connaissances partagées de manière collective autour des activités menées et donc des données issues des contributions de chacun des membres de l'organisation virtuelle.

2.3.2 Editeur Collaboratif

Un Editeur Collaboratif est un système qui permet à plusieurs participants au sein d'une communauté virtuelle, géographiquement répartie, depuis différents sites distribués à travers le Web d'éditer simultanément des données partagées. Ces données peuvent être de tout type : texte, graphe, dessins, figure, audio, vidéo, programme, XML, triplets ...etc. Dans un environnement d'édition collaborative, chaque participant possède une réplique des données partagées. La réplication des mêmes données sert à tolérer les pannes. Les répliques des participants da la communauté virtuelle peuvent être modifiées à tout instant en générant des opérations. Ces opérations sont alors exécutées sur la réplique locale et sont diffusées sur les autres sites afin de les exécuter sur répliques distantes. Quand un site reçoit une opération issue d'un autre site distant, il l'exécute sur sa réplique de la même façon qu'une opération locale. Un tel système est un moyen pour amorcer des collaborations afin de réaliser une tâche commune.

L'idée principale est de garantir que lorsque le système est au repos (les opérations générées sont toutes exécutées), tous les sites doivent avoir une copie identique. Dans le cas des systèmes centralisés tels que CVS ou SVN, la convergence est assurée grâce à un serveur centralisé qui héberge la réplique de référence. Malheureusement, cela est plus difficile à réaliser dans les systèmes n'ayant pas un mécanisme de centralisation tels que les systèmes P2P.

2.3.3 Motivations

De nombreux exemples d'édition collaborative motivent l'utilisation de cette nouvelle technologie et montrent :

- qu'on peut rédiger des articles scientifiques partant du brouillon, jusqu'à la construction de synthèse où plusieurs chercheurs mettent leurs compétences en commun afin de promouvoir une recherche d'excellence et apporter des solutions innovantes.
- qu'on peut développer de nouvelles idées par le biais de l'édition collaborative autour des cartes heuristiques [MON 09] afin de mettre en œuvre de nouvelles idées créative.

- qu'on peut collaborativement créer et améliorer à l'aide de CVS des logiciels très efficaces partant d'une simple ligne de code, jusqu'au déploiement de l'exécutable.

- qu'un grand nombre de personnes peuvent se mobiliser autour d'un projet commun dans une dynamique efficace d'amélioration continue, malgré qu'elles ne se connaissent pas et ne parlent pas les mêmes langues. Par exemple Wikipedia compte plus de 130 langues où les rédacteurs se répartissent généralement par communauté linguistique concentrée sur la rédaction de la version de Wikipédia correspondante, mais interviennent aussi souvent ponctuellement sur les versions de Wikipédia en d'autres langues.

- que dans un cours d'informatique par exemple, les étudiants abordent les notions développées dans le cours au travers de questionnements proposés par les enseignants sur le blog du cours, effectuent des recherches sur le web, produisent des synthèses en groupe et publient leurs résultats sur des blogs.

- que dans un forum plusieurs personnes, répartis sur des sites distants, peuvent débattre sur un sujet particulier en permettant de suivre facilement le cheminement suivi par les participants dans les choix et les solutions qu'ils ont retenu

- que dans un processus d'apprentissage, il vaut mieux collaborer à l'écriture que d'en confier la tâche à une seule personne. Cela motive les apprenants à considérer des idées distinctes.

2.3.4 Quelques Plateformes d'édition collaborative

Un grand nombre de plateformes d'édition collaboratives existent aujourd'hui, avec des niveaux très différents de fonctionnalité, certaines ne permettant qu'une simple édition de données, d'autres supportant des structures et situations complexes, de grandes envergures associant un grand nombre de participants. Parmi les environnements ayant été créés dans ce sens nous pouvons citer :

SVN [COL 04] est un système de gestion de versions, sous-licence libre, conçu pour permettre l'édition des logiciels de façon collaborative en s'appuyant sur les concepts de CVN [BER 90], mais avec quelques modifications relatives à la sécurité et à la gestion des fichiers des logiciels.

IceCube [KER 01] est une plateforme d'édition collaborative qui se base sur une approche de convergence générique. Elle désigne un site comme responsable de la réconciliation des autres sites. Une fois le site responsable est sélectionné la réplique, représentée sous-forme de graphe avec des arcs ayant des poids correspondant aux actions effectuées, est envoyée aux autres sites. Chaque site dispose d'un log contenant toutes les opérations exécutées. Cependant, cette plateforme ne tolère pas les pannes (si le site désigné comme responsable tombe en panne, alors toutes les données stockées sur l'agrégat sont perdues) et ne passe pas à l'échelle puisque elle est basée sur un mode centralisé et doit toujours garder un log pour assurer la réconciliation.

Wiki [BUF 08] est un site web permettant l'édition collaborative de documents à travers une interface personnalisable. Il utilise également des hyperliens pour lier les pages wiki entre elles. Lorsqu'un utilisateur souhaite mettre à jour une page, il entre en mode édition et modifie son contenu à l'aide d'un langage spécifique. Une fois la modification est terminée, il peut sauvegarder la page avec les modifications apportées. Cela sert à remplacer l'ancienne version du contenu de la page. Les wikis actuels sont basés sur l'architecture client/serveur, où tous les utilisateurs accèdent via un navigateur à un serveur possédant toutes les pages wikis. Cependant, l'utilisation d'un serveur principal est un point de faiblesse qui rend le wiki vulnérable aux pannes.

GoogleDoc [GOO 12a] est le fruit de la fusion de Writely (un traitement de texte en ligne) et de Google Spreadsheets (le tableur en ligne de Google), Il offre une suite bureautique accessible depuis n'importe quel navigateur afin de permettre l'édition collaborative en ligne des documents de différents types par plusieurs collaborateurs ayant un compte email GMAIL(le service de messagerie de google). Il suffit donc d'un navigateur Internet et d'un compte Google pour créer, éditer et partager rapidement des documents à travers le Web. GoogleDoc présente néanmoins un certain nombre de services faisant de lui un système d'édition collaborative efficace. Malheureusement, les fonctionnalités qu'il propose se limitent à l'hébergement sur ses serveurs ce qui peut poser des problèmes avec la politique de sécurité de certaines entreprises.

Protégé collaboratif [TUD 07] est une extension de l'outil Protégé [GEN 12] qui supporte l'édition collaborative des ontologies. En plus des opérations de l'édition collective, il permet l'annotation des composants de l'ontologie partagée ainsi que la prise en charge des propositions de changement et le vote sur les propositions. Cependant, Protégé collaboratif se limite à une solution simple d'édition et d'annotation et ne permet pas l'édition concurrentielle des éléments de l'ontologie [ZAR 08].

DeltaXML [FON 02] est un outil d'édition collaborative de données de type XML qui prend en charge trois-niveaux lors de la fusion de documents XML. Il offre la possibilité d'effectuer la réconciliation automatique des opérations de suppressions, de mises à jour et d'insertions. L'outil comprend un algorithme réservé à la structure d'arbre général basé sur les identificateurs des éléments et sur l'exécution d'un processus d'alignement pour la plus longue séquence commune à chaque niveau de l'arbre d'entré. Contrairement aux autres approches de fusion, il n'y a pas de support pour l'opération de mov. On s'approche de l'édition distribuée, mais les fusions et la génération de branche sont très contraignantes.

2.4 Edition collaborative sur les réseaux P2P

Avec l'expansion de l'internet, les besoins de partage de données ont évolués en fonction de l'accroissement des activités des entreprises à travers le monde. Après la nécessité de créer de très grosses bases de données, le besoin de créer un gigantesque réseau informatique distribué dans le monde s'est fait sentir afin d'utiliser cette immense capacité de stockage et puissance de calcul pour effectuer des traitements trop complexes, notamment dans les domaines scientifiques.

Afin d'avoir un système robuste assurant la tolérance aux pannes, le besoin de répliquer les données à diverses équipes disséminées sur le globe a conduit à la conception d'une infrastructure distribuée, partageable, et c'est là qu'intervient le système P2P.

Un réseau P2P est une collection de machines, appelées paires (voir figure 2.2), qui échangent des données via un système de communication. La spécificité est que ces machines peuvent à la fois être client et/ou serveur [AND 04]. Ce nouveau mode d'interconnexion entre machines sur internet a permis de passer d'une topologie centrée sur l'architecture client/serveur dont les systèmes de taille limitée vers une nouvelle topologie variable dont les systèmes de très grande taille. Les systèmes issus du réseau P2P se caractérisent par une forte disponibilité et un faible coût avec l'absence de la notion d'un serveur central [VAL 04]. Contrairement à d'autres structures, la structuration dans les réseaux P2P implique l'inexistence d'une entité responsable de la gestion du réseau puisque elle s'appuie sur tous les pairs qui sont considérés à la fois comme serveur et client. La figure 2.1 illustre un exemple d'architecture client/serveur tandis que la figure 2.2 illustre un autre exemple de la structuration des nœuds dans une architecture P2P.

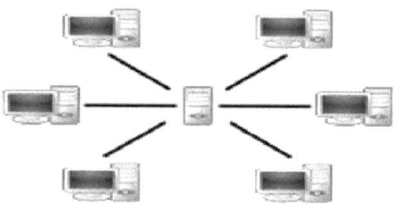

Figure 2.1 – Architecture de type client/serveur

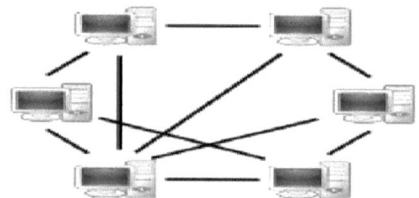

Figure 2.2 – Architecture de type pair-à-pair

Elaborer l'édition collaborative sur une infrastructure P2P permettrait de bénéficier de façon parfaite de l'énorme potentiel de cette infrastructure non seulement pour partager des données mais aussi pour créer et éditer ces données.

En particulier, les systèmes d'édition collaborative sur un réseau P2P permettent donc de rendre les données partagées d'autant plus disponibles qu'elles sont utilisables, et donc répliquées sur un grand nombre de nœuds. Cela permet alors de diminuer la charge, en nombre de requêtes, imposée aux nœuds partageant l'ensemble de données, ce qui facilite l'augmentation du nombre de nœuds et donc de données partagées dans le réseau. C'est ce qui conduit à ce qu'on appelle le passage à l'échelle.

La question principale autour de laquelle s'articulera la conception de tel système est donc de développer un environnement permettant l'édition collaborative fondé sur une infrastructure P2P qui garantit le passage à l'échelle et assure, entre autre, la cohérence des répliques lors de l'exécution des opérations concurrentes.

2.4.1 Réplication de données

Le processus de réplication vise à dupliquer les mêmes données sur plusieurs sites afin d'assurer une meilleure fiabilité, tolérance aux pannes, disponibilité et accessibilité aux données. Chaque site du réseau maintient d'une copie de données, dite réplique, qui évolue sans cesse à mesure qu'elle reçoive des opérations de modification. En effet, une réplique reflète un état de données variable dans le temps. Dans le contexte de l'édition collaborative, nous distinguons couramment la réplication pessimiste et optimiste.

2.4.1.1 Réplication pessimiste

Le mécanisme de réplication pessimiste permet la modification d'une réplique en posant des verrous pour éviter l'apparition des situations divergentes entre toutes les répliques. En d'autres termes, si un utilisateur effectue des mises à jour sur une réplique, le système doit interdire ou bloquer le reste des utilisateurs à effectuer simultanément des opérations de modifications. Par contre, les opérations simultanées de lecture ou de consultation au niveau des répliques sont permises. On dira qu'il y a donc uniquement une exclusion mutuelle entre les opérations des modifications que génèrent les utilisateurs. Par conséquent, le mécanisme de réplication pessimiste donne l'illusion à l'utilisateur, qui est en train de modifier une réplique, qu'il n'existe qu'une seule réplique sur le réseau [HER 90]. Cependant, ce type de réplication n'est pas conforme aux spécificités des réseaux P2P puisque l'utilisation des verrous sur les répliques se contredit avec l'un des principes de l'infrastructure P2P, qui est la dynamicité.

2.4.1.2 Réplication optimiste

Contrairement au mécanisme pessimiste, le modèle optimiste n'impose aucune contrainte entre les sites lors d'application des modifications sur les répliques [DEM 94]. Ce type de réplication est à priori plus adapté aux structures P2P [SAI 05]. Chaque site peut modifier librement sa réplique en appliquant des opérations locales, les modifications sont ensuite diffusées aux autres sites afin de les intégrer sur les copies distantes une fois elles sont reçues. S'appuyant sur le principe : *Exécution/ Diffusion/Réexécution*, le protocole optimiste offre un moyen efficace facilitant le passage à l'échelle ainsi que la tolérance aux pannes. Dans tel modèle, la gestion de la réconciliation est effectuée a posteriori sur chacun des sites. Afin d'assurer la cohérence entre les répliques, des algorithmes de convergence et détection de conflits issus des opérations concurrentes doivent être mis en œuvre. La réplication optimiste ne requiert pas que toutes les répliques soient cohérentes à tout moment, mais l'essentiel qu'elles seront identiques quand le système est au repos.

En résumé, la réplication pessimiste pose des verrous sur les réplique pour éviter l'incohérence entre les répliques, cela ne permet pas donc aux systèmes développés dans cet esprit de passer à l'échelle. Par contre, la réplication optimiste fournit un outil efficace face aux pannes permettant le développement des systèmes qui passent facilement à l'échelle en exécutant des opérations concurrentes. Afin de mener à bien cette deuxième technique, un algorithme de synchronisation est nécessaire.

2.4.2 Edition collaborative P2P des stores sémantiques

Construit sur la base de techniques existantes URI (*Uniform Resource Identifier*), XML (*Extensible Markup Language*), HTTP(*HyperText Transfert Protocol*), HTML, la technologie du Web sémantique constitue une nouvelle génération dans la logique de représentation et d'utilisation de données qui symbolise le Web actuel. En s'appuyant sur le modèle RDF (Resource Description Framework) couplé à un langage de requêtes (SPARQL), le Web sémantique permet de représenter et échanger des connaissances entre des applications distribuées à travers le Web.

La communauté du Web sémantique utilise RDF comme un modèle universel de données pour sauvegarder des informations sous forme graphique. Le modèle de données RDF est composé d'un triplet constitué de trois composants <subject, predicate, object>, (i) le sujet décrit la ressource à présenter. Chaque sujet est obligatoirement identifié par une URI. (ii) Prédicat est une propriété qui permet de caractériser et décrire le sujet. De la même façon que le sujet, les prédicats sont obligatoirement identifiés par des URIs. (iii) Objet représente une donnée ayant un type primitif (numérique, littéral, etc.) ou une autre ressource identifiée aussi par une URI.

Le modèle de données RDF offre la possibilité de déduire de nouvelles connaissances à partir des connaissances explicites et background [TSA 11]. Plusieurs formats de sérialisation sont possibles, tels que Turtle ou RDF/XML. RDFa permet, quant à lui, d'embarquer du RDF directement dans HTML.

Les plateformes d'édition des stores sémantiques à travers des infrastructures P2P sont une nouvelle génération des systèmes d'édition collaborative. Une plateforme d'édition collaborative sur un réseau P2P est considérée comme une association entre les technologies du Web sémantique d'une part et les réseaux P2P d'autre part. Cette association permet d'exploiter le potentiel important de l'infrastructure P2P dans l'édition collaborative des stores sémantiques.

Avec une telle plateforme, les utilisateurs peuvent collaborer non seulement pour partager des données sémantiques mais également pour éditer des triplets de façon efficace et dynamique en vue de construire de nouvelles connaissances qui seraient ensuite exploiter par d'autres applications à grande échelle. L'implication d'un grand nombre d'utilisateurs et de ressources sémantique conduit à la nécessité d'intégrer des systèmes qui passent à l'échelle [MAS 11].

De nos jours, le développement d'un système efficace permettant le passage à l'échelle pour l'édition collaborative des triplets RDF sur les réseaux P2P devient un enjeu majeur pour de nombreux environnements du Web sémantique, lesquels sont confrontés à une explosion du volume des données. L'idée principale est de répliquer les données RDF sur des stores locaux pour tous les pairs qui collaborent ensemble. La propriété clé est de savoir comment assurer la cohérence des répliques exécutant des opérations concurrentes, i.e., à la fin du cycle de vie de l'édition toutes les répliques des stores distribués sont identiques. Il s'agit d'un processus très difficile à mettre en œuvre en raison du fait que de nombreuses requêtes peuvent rentrer en conflit lors de l'édition, de la synchronisation et de la modification concurrente [ZAR 12].

Les principaux avantages d'un système d'édition collaborative des triplets sémantiques sur un réseau P2P sont :

- Partager de différents points de vue ;

- Obtenir de meilleures idées grâce au travail collaboratif ;

- Améliorer l'efficience et la pertinence des stores sémantiques obtenus;

- Réduire le temps d'élaboration de données sémantiques ;

- Valoriser les compétences et connaissances des participants au projet de l'édition collaborative ;

- Offrir une flexibilité et une commodité formidables où chaque participant peut contribuer depuis n'importe quel endroit à n'importe quel moment ;

- Alléger les échanges par les autres moyens de communication tel que le courrier électronique ;

- Assurer un partage plus équilibré des tâches entre les participants en offrant la possibilité à tout le monde de participer activement et collectivement à toutes les tâches d'édition ;

- Faciliter et accélérer les processus de construction des triplets grâce au travail collectif ;

- Augmenter la productivité.

2.5 Le modèle CCI

Dans le contexte de l'édition collaborative, un système d'édition collaborative partageant des données répliquées est considéré comme correct s'il assure un modèle de cohérence, plus précisément le modèle de CCI [SUN 98a] qui garantit à la fois la convergence des répliques et préserve la causalité et l'intention de toute opération générée dans le système.

2.5.1 Causalité

Dans un système d'édition collaborative, la causalité est perçue comme une relation de précédence définie sur l'ensemble des opérations générées lors d'une session du travail collaboratif. Afin d'assurer que la relation de précédence causale est maintenue entre n'importe quel pair d'opérations (Op1, Op2), Op1 doit toujours s'exécuter avant Op2 sur tous les sites. Puisque Op1 a été générée et exécutée sur un site donné avant Op2. Cela va permettre à Op2 de prendre en considération les effets de l'exécution de l'opération Op1. Le maintien de la relation de causalité pour un éditeur collaboratif assure que pour toutes les opérations ayant une fonction de causalité, l'ordre d'exécution partiel soit également assuré. En d'autre termes, l'ordre des opérations effectuées sur une réplique est le même sur toutes les autres répliques distantes.

Exemple

Considérons deux sites (*Site 1* et Site 2) partageant un code en java dont la valeur initiale est (voir la figure 2.3) :

public class Example{

}

Chacun de ces sites dispose d'une copie de la classe *Example* qui correspond à la réplique dont chaque utilisateur peut la modifier par l'exécution d'un ensemble d'opérations de mise à jour.

Le site 1 insère la ligne du code *int id;* à la première position en exécutant l'opération *Op1=insert(1, ' int id;')*, puis il exécute l'opération *Op2=insert(2, ' String name;')* pour insérer le champ *name* de type *String* à la deuxième position. Les opérations localement exécutées sur le premier site sont ensuite diffusées au deuxième site dans le but de s'exécuter sur sa réplique. Après la réception et l'intégration de la séquence [Op1, Op2] par site 2, l'opération *Op3=insert(3, ' String tel')* s'exécute dont l'effet consiste à ajouter la ligne *String tel ;* à la position 3. L'opération Op3 est re-exécutée à son tour dans la réplique du site 1. Comme nous pouvons remarquer qu'à l'état final le contenu du code de la classe Java *Example* est le même sur tous les sites, les deux sites disposent donc du code suivant :

public class Example{

    int id ;

    String name;

    String tel;

}

En effet, le résultat obtenu suite à l'exécution de toutes les opérations respecte la causalité.

Chapitre 2 : Espaces du travail collaboratif

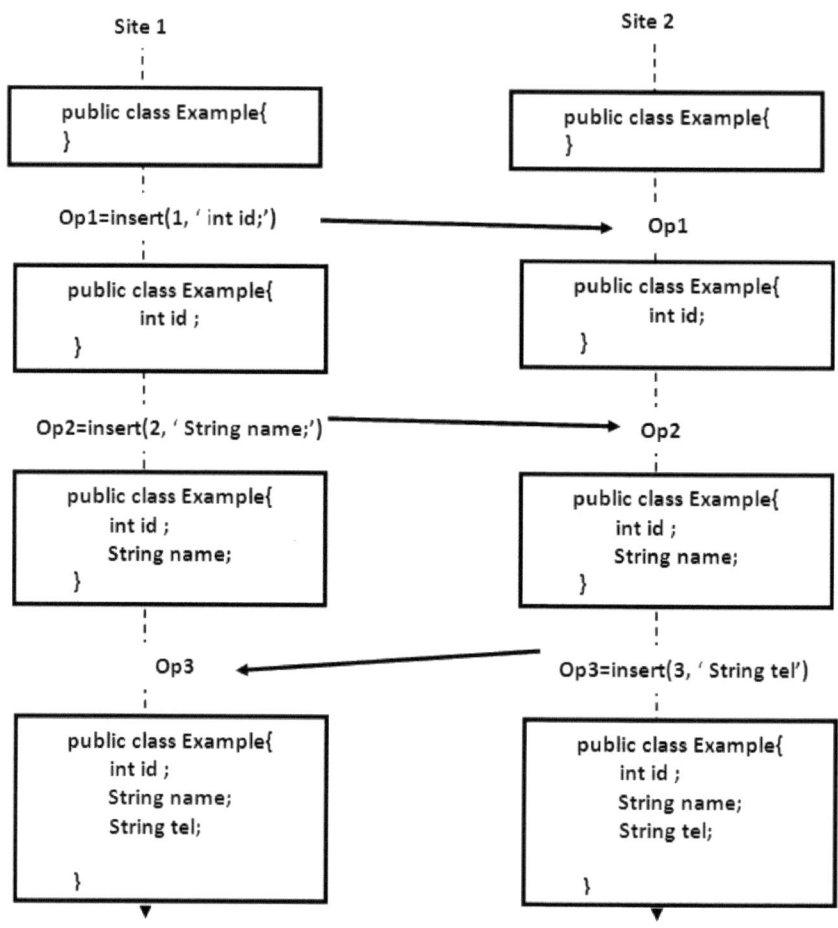

Figure 2.3: Respect de la causalité entre les opérations

2.5.2 Convergence

Dans un système basé sur la réplication optimiste, La préservation de causalité n'implique pas forcément que la séquence des opérations soit exécutée dans le même ordre sur tout le réseau. Ce qui peut donner lieu à des situations conflictuelles issues à l'exécution des opérations dites concurrentielles, où il n'existe pas de relation de précédence causale entre ces opérations. En effet, le respect des fonctions de causalité entre un ensemble d'opérations est une condition nécessaire mais pas suffisante pour avoir dans tous les cas possibles d'exécution un résultat identique des données sur toutes les répliques. Par conséquent, assurer la convergence des répliques qui exécutent des opérations concurrentes revient à obtenir des répliques identiques quand le système est au repos, c.-à-d., toutes les répliques convergent après avoir exécutées les mêmes opérations même dans un ordre différent. L'exemple suivant illustre une situation de divergence entre deux sites exécutant des opérations concurrentes.

Exemple

Considérons deux utilisateurs sur deux sites distants éditent en parallèle un programme écrit en Java (voir la figure 2.4). Initialement, le morceau du programme est répliqué en deux copies:

public class Example{

}

Afin de déclarer une variable entière au début de la classe *Example*, le premier site exécute sur sa réplique locale l'opération d'insertion *Op1*. Cette opération sera ensuite diffusée et exécuté sur le deuxième site. Par la suite, Site 1 insère la ligne *String name;* à la deuxième position en exécutant l'instruction *Op2=insert(2, ' String name;')*. Au même moment, le site 2 exécute *Op3=delete('String name;')* pour supprimer éventuellement la ligne *String name;*. Ce qui donne lieu à deux opérations concurrentes provoquant un cas de conflit qui conduit à une situation de divergence. Les deux opérations Op2 et Op3 sont ensuite propagées et intégrées mutuellement sur site 2 et site 1. A l'état de repos, le premier site possède :

public class Example{

    int id ;

}

Alors que site 2 possède

public class Example{

    int id ;

    String name;

}

Nous sommes en présence d'une situation d'incohérence puisque les deux sites 1 et 2 ont des résultats différents.

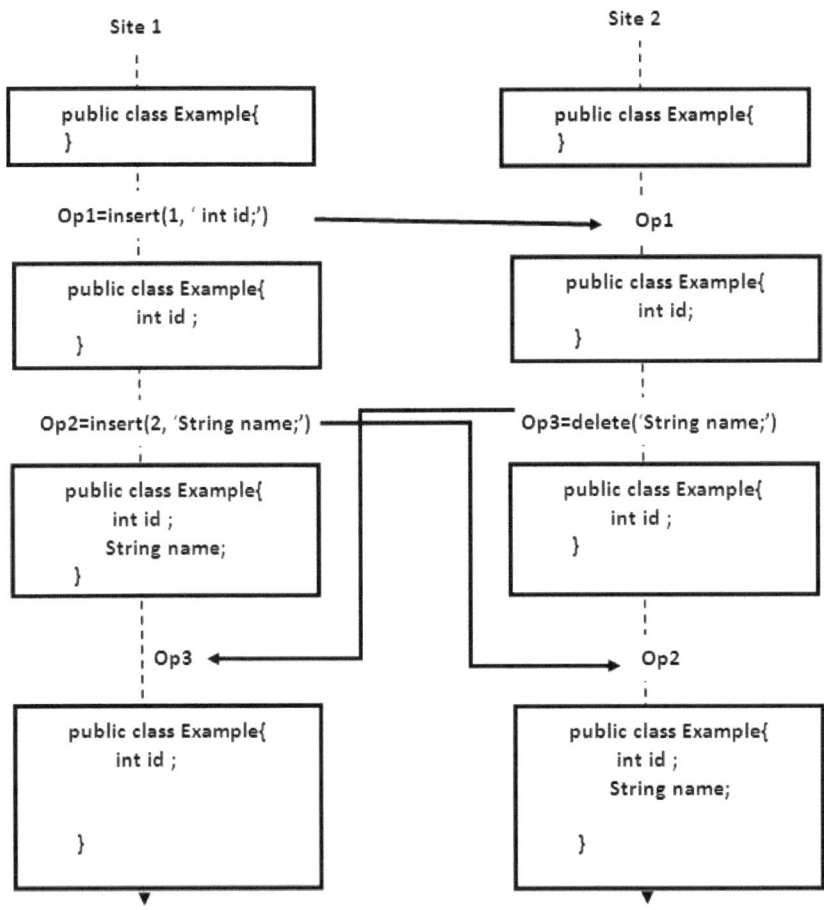

Figure 2.4: Cas de divergence après l'exécution des opérations concurrentes

2.5.3 Intention

Dans la littérature, il n'existe pas une définition exacte et unique de l'intention pour tous les systèmes d'édition collaborative, puisque selon la structure de données manipulées et le mode de déploiement qu'on puisse donner des définitions. L'intention d'une opération quelconque Op peut être considérée comme l'effet obtenu par l'exécution de l'opération Op sur son état de génération [ZAR 13a]. En effet, la préservation de l'intention suppose que les effets d'intégration d'une opération sur tous le réseau doivent être les mêmes que l'intention de cette opération.

Exemple

Nous montrons par un exemple une préservation de l'intention des opérations issues à des sites différents (voir figure 2.5). Considérerons deux sites 1 et 2 qui éditent simultanément la même classe écrite en Java. Initialement, les utilisateurs démarrent à partir du même état :

public class Example{

}

Au niveau du site 1, l'opération *Op1=insert(1, ' int id;')* est exécutée pour insérer la ligne de déclaration *int id ;* à la première position. De la même manière, l'opération Op1 s'exécute sur site 2. Ensuite, site 1 génère sa deuxième opération qui vise à insérer la ligne *String name ;* à la position numéro 2 dans sa réplique locale du code Java en exécutant *Op2=insert(2, 'String name;')*. En parallèle, le deuxième site insère la ligne String tel ; à la même position (deuxième position) sur sa réplique. Par la suite, les opérations Op2 et Op3 sont diffusées et intégrées mutuellement sur les sites distants.

Quand le système est au repos, les résultats obtenus préservent les intentions des opérations Op2 et Op3 du fait que les deux lignes *String name;* et *String tel ;* observent les effets des opérations auxquelles elles sont insérées. Cet exemple montre aussi bien que malgré que l'intention soit préservée, cela ne suffit pas de garantir la convergence.

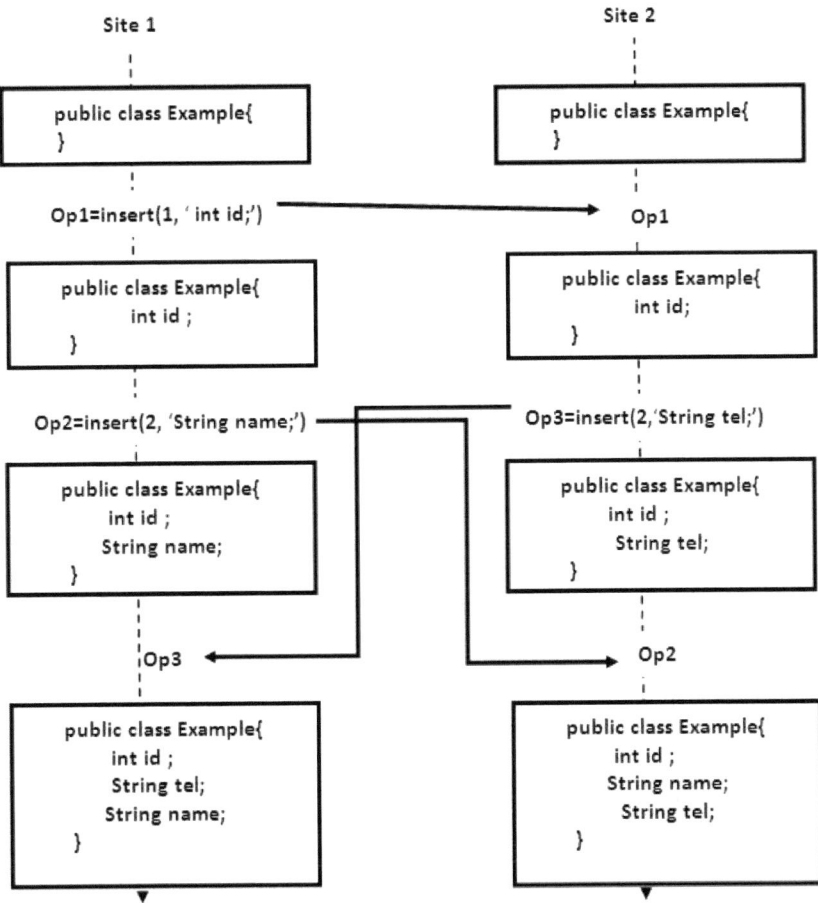

Figure 2.5: Cas de préservation de l'intention après l'exécution d'un ensemble opérations

2.6 Conclusion

Parmi les différentes solutions que nous venons d'analyser nous avons identifié différentes approches permettant, d'une manière ou d'une autre, de gérer des interactions entre utilisateurs distants en mode synchrone et/ ou asynchrone sur différentes architectures. L'analyse de l'évolution des grandes classes des espaces collaboratifs nous montre que ces espaces convergent tous vers les technologies basées sur le Web. En effet, leur conception se fait de plus en plus selon une approche orientée service. Ils deviennent accessibles soit directement au travers de navigateurs classiques, soit au travers de "plug-ins" qui s'exécutent aussi au travers de navigateurs classiques. Par conséquent, les espaces d'édition collaborative sont considérés comme une nouvelle modalité du travail qui va au-delà du travail individuel en s'inscrivant explicitement dans une dynamique du travail collaboratif. Avec l'expansion de l'internet, les éditeurs collaboratifs des stores sémantiques basés sur une infrastructure P2P sont développés de façon à nous permettre de bénéficier parfaitement de l'énorme potentiel de cette infrastructure non seulement pour partager des données mais aussi pour créer et éditer de nouvelles connaissances tout en assurant le modèle de cohérence CCI.

Chapitre 3 : Cohérence dans les environnements d'édition collaborative

3.1 Introduction

Depuis leur introduction, les environnements d'édition collaborative ont été largement étudiés et continuent d'être l'objet de nombreux travaux de recherche. Conçus à l'origine uniquement pour les documents de type texte et déployés sur une architecture centralisée, ils constituent de nos jours une manière convenable de déploiement sur des architectures distribuées et pour différents types de données, en particulier les données dans les stores sémantiques sur les réseaux P2P. Un processus de réplication de données est utilisé pour assurer le partage de données. Dans ce contexte, de nombreuses approches s'appuyant sur le principe de réplication optimiste ont été proposées afin de maintenir la cohérence des données partagées. Cependant, les approches proposées sont peu adaptables aux données sémantiques et aux réseaux P2P.

Dans ce chapitre, nous allons présenter les principales techniques connues dans la littérature tout en mettant l'accent sur trois critères, à savoir la cohérence des données, le passage à l'échelle et le type de données. Les techniques de convergences seront explorées dans la section 3.2. La section 3.3 présentera les différentes catégories de systèmes collaboratifs pour les stores sémantiques selon le contrôle de concurrence. Nous terminons le chapitre par une conclusion.

3.2 Cohérence dans les environnements d'édition collaborative

L'une des méthodes utilisées pour atteindre un maximum de disponibilité de données consiste à répliquer l'ensemble des données sur différents pairs dans un réseau P2P. Cependant, les mises à jour concurrentielles sur les différentes répliques peuvent entraîner une situation de d'incohérences. En effet, il est important de développer un processus du maintien de la cohérence et ce pour garantir la convergence des répliques vers un résultat identique. Dans les deux sous-sections suivantes, nous présentons les principales méthodes existantes pour la réconciliation de données.

3.2.1 Technique des Transformées Opérationnelles

Initialement la technique des transformées opérationnelles (OT) [MOL 03] a été utilisée pour pallier le problème d'incohérence des copies dans le domaine des éditeurs collaboratifs synchrones [SUN 98a], puis elle a été élargie aux éditeurs asynchrones [ING 07] [ING 04] et multisynchrones [ING 08] allant de la structure linéaire à la structure hiérarchique [ING 07]. Récemment, elle est adoptée à la réconciliation dans l'édition des pages Wiki [OST 09]. Elle utilise les propriétés sémantiques des opérations pour garantir la convergence des copies. Plus précisément, elle exploite la transformation des opérations pour construire un journal de chaque copie. Les journaux des différentes copies ne sont pas identiques mais ils sont équivalents car ils aboutissent au même état final puisque l'ordre d'exécution des opérations concurrentes peut être différent d'un journal à une autre.

Le mécanisme général de la méthode des transformées opérationnelles se base principalement sur deux éléments:

- Un élément d'intégration qui s'occupe de la diffusion, de la récupération et de l'exécution des opérations distantes ou locales.

Dans ce cas, il invoque les procédures de transformation. Cet élément est entièrement indépendant du type et de la structure des données utilisées.

- Un deuxième élément de transformation, il s'agit généralement d'un ensemble de procédures qui assurent la fusion des opérations concurrentes de mise à jour. Cette fusion se fait à l'aide de la sérialisation des opérations locales et/ou distantes. Les procédures définies lors de la transformation sont propres à chaque type de données.

Dans le but de montrer la divergence entre les répliques exécutant des modifications de façon concurrentielle, le scénario de la figure 3.1 fait intervenir deux opérations sur la même chaine initiale **Anba**. Cette chaine est répliquée au début sur les deux sites. Au moment où le site 1 exécute sur sa réplique locale l'opération Op1=insert(1, 'n') pour insérer le caractère *n* à la première position, le site2 insère le caractère *a* à la position 2 en exécutant l'opération Op2=insert(2,'a'). Après l'intégration mutuelle de ces opérations sur les deux sites, une situation de divergence entre les répliques finales est obtenue due à l'intégration directe des opérations d'insertion dans répliques distantes.

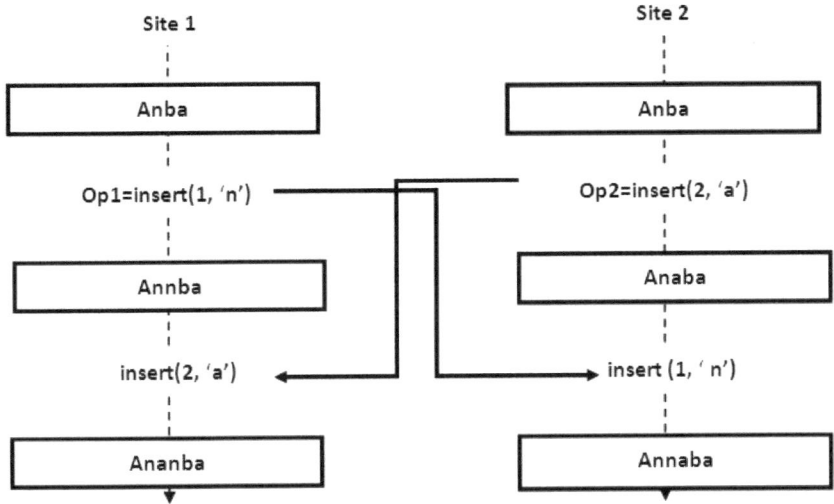

Figure 3.1: Divergence des répliques

Afin d'assurer la convergence entre les répliques qui exécutent mutuellement les deux opérations concurrentes Op1=insert(1,'n') et Op2=insert(2,'a'), la fonction de transformée opérationnelle, présentée dans la figure 3.2, est invoqué lors de la diffusion et l'intégration de chacune des opérations.

```
1:    function TO(insert(pos1, car1), insert(pos2,car2))
2:    if(pos1>pos2) then retune insert(pos1+1, car1)
3:    else insert(pos1,car1)
4:    end if
5:    end function
```

Figure 3.2: Fonction de transformée opérationnelle entre deux insertions

La figure 3.3 illustre le même scénario présenté dans la figure 3.1, mais cette fois-ci avec l'intégration de la nouvelle fonction de transformée opérationnelle entre deux insertions (voir figure 3.2). Contrairement à l'opération Op1 qui s'exécute de la même façon sur les deux sites, l'opération Op2 est exécutée sur site 1 après avoir incrémenté la position du caractère a à trois. La transformation au niveau de la position de l'opération Op2 a aboutie à un résultant identique dans les deux sites, la chaine **Annaba** est obtenue dans site 1 et site 2 malgré l'exécution des opérations concurrentes. La convergence est donc assurée.

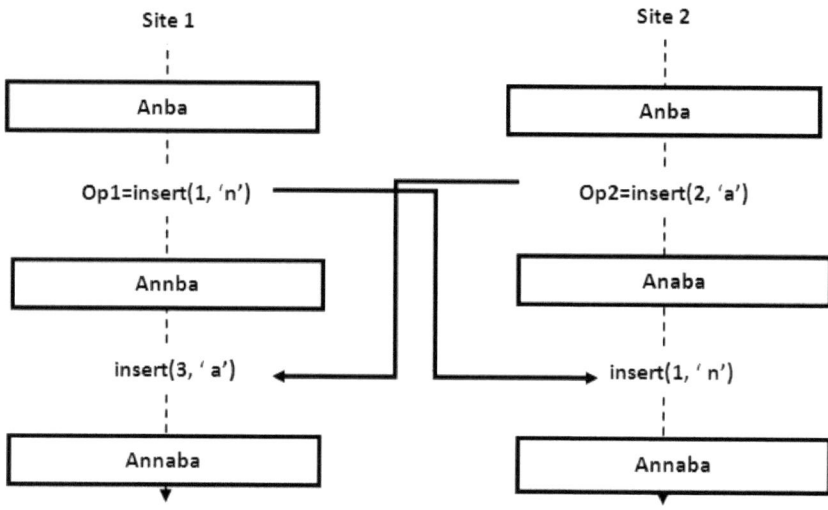

Figure 3.3: Convergence après l'intégration d'une opération de transformée opérationnelle

3.2.1.1 Condition de convergence

La propriété de convergence signifie que toutes les copies de l'objet collaboratif sont identiques si toutes les opérations générées ont été exécutées sur tous les sites de l'éditeur collaboratif [IMI 06]. Dans le but de garantir la convergence des copies les fonctions de transformation doivent satisfaire deux conditions [SUN 98a] [OST 07] : tout d'abord une identité d'états est définie en stipulant que l'état produit en exécutant Op1 avant Op2 est le même que celui résultant de l'exécution de Op2 avant Op1. Une identité d'opérations est aussi définie en stipulant que le résultat de la transformation d'une opération par rapport à une séquence d'opérations concurrentes ne dépend pas de l'ordre selon lequel les opérations de cette séquence ont été transformées. Dans [LUS 03], il a été montré que ces deux conditions sont suffisantes pour satisfaire la propriété de convergence.

3.2.1.2 Solutions basées sur TO

Dans la littérature, plusieurs algorithmes de différentes structures de données basés sur les TO ont été développés pour maintenir la cohérence tels que adOPTed [RES 96], GOT [SUN 98a], GOTO [SUN 98b], SOCT2 [SUL 98], SOCT4 [VID 00], SDT [[LID 04] et TTF [OST 06].

SOCT4 [VID 00] utilise une réplique centrale qui permet d'ordonner les opérations en un estampilleur. La diffusion de n'importe quelle opération se fait après la réception et la transformation des opérations locales de toutes les autres opérations estampillées. Il est donc possible d'estampiller ses opérations en local et de les envoyer ensuite. Cependant, cette approche n'assure pas le passage à l'échelle en termes de symétrie.

Dans MOT2 [CAR 07], la cohérence a lieu deux à deux, chaque copie dans le système envoie toute la séquence de ses opérations à une autre copie différente afin qu'elle puisse identifier quelles opérations sont concurrentes. Cependant, l'envoi de toutes les opérations provoque des problèmes de charge lorsque l'édition devient massive.

So6 [ING 09] est un gestionnaire de configuration basé sur SOCT4 et qui s'appuie sur la technique des transformées opérationnelles. Il montre qu'il est possible d'adapter des algorithmes OT, conçu initialement pour des éditeurs collaboratifs en temps réels, pour élaborer un système comparable à CVS [CED 02] ou Subversion [COL 05]. So6 met en avant l'aspect générique de l'approche OT. En séparant l'algorithme d'intégration des fonctions de transformation, il est possible de construire de façon simple un gestionnaire de configuration. Ce système reste extensible à de nouveaux types de données répliquées en ajoutant les fonctions de transformation correspondantes. Cependant, So6 requiert un estampilleur central pour assurer un ordre total entre toutes opérations générées. Le système se bloque lorsque l'estampilleur tombe en panne. En outre, So6 ne permet pas un passage à l'échelle puisque la taille du log utilisé par OT au niveau du serveur d'estampille a tendance à être important et peut être non maîtrisable en un seul nœud.

Google Wave [GOO 12b] est une application web, créée par Google, dont le concept est l'éditeur collaboratif dans lequel les utilisateurs peuvent travailler ensemble et en temps réel sur un document hiérarchique. Le document partagé est décrit par une représentation XML. Afin de maintenir la réconciliation, Google Wave repose sur le modèle de transformée opérationnelle dans le traitement des opérations d'édition concurrentes. L'architecture dans lequel est déployé Google Wave est centralisée, un serveur central est responsable d'effectuer toutes les fonctions de transformations opérationnelles. En effet, l'efficacité du système est lié à un seul serveur ce qui augmente la charge sur ce dernier lors de la collaboration d'un nombre important d'organisations virtuelles dont le nombre d'utilisateurs est varié pour chacune. Malgré de fortes attentes Google Wave, Google a décidé en 2010 de ne pas poursuivre le développement de Wave en tant que produit autonome vu qu'il n'a pas obtenu l'adoption massive escomptée au départ.

En raison de l'utilisation de vecteur d'horloges, de tels algorithmes sont connus pour leur incapacité de passer à l'échelle, leur incompatibilité avec les caractéristiques des réseaux P2P, et leur difficulté dans la vérification et la correction de transformations [PRE 09]. Ceci est principalement dû à l'inefficacité des opérations distantes ainsi qu'à l'augmentation de la taille du tampon lorsqu'il s'agit d'une utilisation massive par un nombre important de participants [ROH 11].

SOCT2 [SUL 98] est typiquement l'environnement collaboratif pair-à-pair qui assure le modèle de cohérence défini dans le chapitre précédent. Cependant, SOCT2 est conçu uniquement pour les documents dont la structure est textuelle. En outre, il n'existe pas de fonctions de transformation pour les données sémantiques, en particulier pour celle ayant une structure d'ensemble.

3.2.2 Technique CRDT

Récemment, la Framework CRDT (Commutative Replicated Data Type) [PRE 09] a été proposée comme une nouvelle technique qui passe à l'échelle et assure la convergence des répliques sans aucune synchronisation entre les sites. Cette technique fournit un mécanisme de contrôle des accès concurrentiels et complexes en définissant de nouvelles spécifications appropriées à chaque type de données. L'idée principale de CRDT est donc de décrire un nouveau type de données répliqué de telle sorte que tout couple d'opérations effectuées commute afin d'obtenir des résultats cohérents et identiques indépendamment de l'ordre total d'exécution des opérations.

Contrairement à la technique TO, CRDT vise à définir des structures de données avec des opérations qui commutent au lieu de définir des fonctions de transformation qui sont non commutatives. Ainsi, les éditeurs collaboratives orientés CRDT ne requièrent ni serveur central, ni ordre total sur les opérations et ni vecteur d'horloge, ce qui met en avant la simplicité et la rapidité d'une migration vers les réseaux P2P de grande taille.

Les algorithmes basés sur le modèle CRDT sont initialement conçus pour la collaboration P2P en mode asynchrone, mais ils sont aujourd'hui adaptés pour la collaboration en temps réel [AHM 11] [ZAR 13b]. Un système basé sur une structure de données CRDT pour lequel les opérations concurrentes sont commutatives, assure facilement la convergence des répliques sur une infrastructure distribuées, où les mises à jour produites localement sont ré-exécutées sur des copies distantes [PRE 09]. Par conséquent, si le type de données d'un système est CRDT, la convergence est assurée.

3.2.2.1 Solutions basées sur CRDT

TreeDOC [PRE 09] est un CRDT défini pour l'édition collaborative des structures linéaires (textuelles). Un arbre binaire est utilisé pour décrire le document dont chaque nœud est attribué à un identifiant unique. Une lecture infixe est également utilisée pour parcourir l'arbre binaire afin de maintenir un ordre global entre les différents identifiants des composants du document.

La figure 3.4 illustre un exemple d'un document représenté suivant la structure TreeDoc du contenu « Le soleil brille pour tout le monde ».

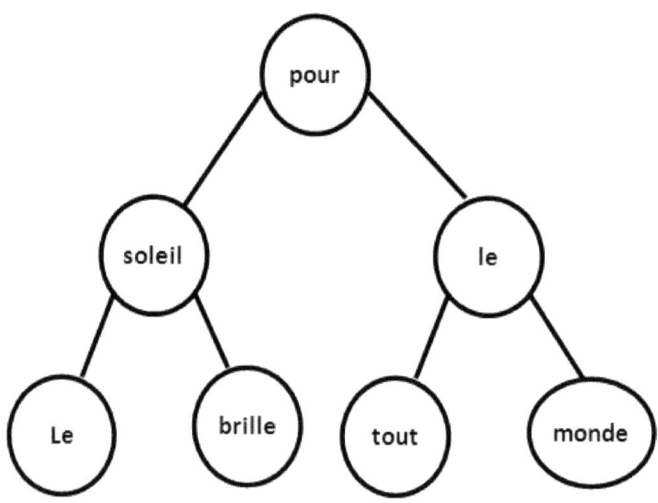

Figure 3.4: Représentation d'un document TreeDoc

Pour pouvoir éditer un document de type TreeDoc deux opérations basiques sont utilisées:

- Add(alias a, Element e) : est une opération d'insertion d'un nouvel élément e au nœud défini par le chemin a dans l'arbre binaire.

- Remove(Alias a) : est une opération de suppression qui vise à supprimer le chemin a de l'arbre binaire.

La création et l'insertion de nouveaux nœuds à la même position est possible grâce à l'introduction du concept de super-node qui permet de contenir plusieurs nœuds à la fois. Dans le modèle TreeDoc, tous les nœuds supprimés deviennent des nœuds appelés pierres tombales. Pour gérer l'augmentation du nombre des pierres tombales lors d'une session d'édition collaborative massive, deux procédures sont utilisées, la première est dite flatten servant à sauvegarder l'arbre en dehors des pierres tombales sous une forme canonique et la deuxième dite explode servant à reconstruire l'arbre depuis la forme canonique.

Cependant, ces procédures ne peuvent pas être déployées sur un réseau P2P dynamique puisqu'elles ne commutent pas avec les autres opérations d'édition.

Logoot [WEI 09] est un autre CRDT conçu pour les éditeurs collaboratifs des documents sur un réseau P2P ayant une structure linéaire. Afin de garantir la commutativité des opérations, le modèle Logoot fournit un identifiant unique de position pour chaque ligne du texte. Lorsqu'une opération d'insertion est exécutée, une nouvelle position est générée entre la position de la ligne

Chapitre 3 : Cohérence dans les environnements d'édition collaborative

précédente et la ligne suivante. Lorsqu'une opération de suppression est exécutée, une ligne est supprimée du document sans avoir une influence sur l'ordre de l'ensemble des lignes restantes. Afin d'atteindre la convergence sur ce type de données, un processus d'ordre total est utilisé entre les lignes dans le document collaborativement édité. Dans [WEI 10], le modèle Logoot a été modifié pour supporter le mécanisme d'annulation lors de l'édition comme un nouveau type d'opération ajouté à l'insertion et la suppression.

La figure 3.5 illustre un exemple de document décrit selon la structure Logoot. Le document est composé d'un ensemble de lignes de la forme <id_p, content>, où id_p est un identifiant unique de position du contenu de la ligne représenté par content. IB et IE sont deux lignes virtuelles qui délimitent le document, IB est la ligne de début et IE est la ligne de fin du document.

```
1 <<0, 0>,N A, IB>
2 <<1, 1>, 0, "This is an example of a Logoot document" >
3 <<1, 1>.<1, 5>,23, "How to find a place between 1 and 1" >
4 <<1, 3>, 2, "This line was the third made on replica 3" >
5 <<MAXINT, 0>,NA, IE>
```

Figure 3.5: Représentation d'un document Logoot [WEI 09]

Malgré que Logoot ne s'appuie pas dans son comportement sur la pierre tombale, il requiert la diffusion causale pour assurer la convergence des répliques, ce qui alourdit les procédures d'édition. En outre, le modèle Logoot utilise la génération dynamique des identifiants tout en gardant un log des identifiants qui sont déjà supprimés, ceci permet d'augmenter sans limite la taille du document.

Dans [MAR 10], les auteurs présentent un CRDT de type semi-structuré pour éditer des données XML de façon collaborative. Cette approche traite toutes les propriétés des documents XML : les contenus, les éléments et les attributs. La convergence des répliques est garantie grâce à l'introduction du concept de la dépendance sémantique. Pour ce faire, un vecteur d'horloge est utilisé et défini comme un couple (Id_site, Op_num) où Id_site est l'identifiant du site et Op_num est le nombre de l'opération générée. Par exemple, (5, 9) identifie la neuvième opération générée par le cinquième site. Pour éditer le document XML, le jeux d'opérations comporte Add(idé; id) et Del(id). La première opération permet d'ajouter l'élément dont l'identifiant idé sous l'élément id, la seconde opération supprime l'élément identifié par id. Pour permettre à l'opération de mise à jour des attributs de commuter. SetAttr(id;attr; val; ts) est définie où attr est l'attribut identifié par id, val est l'ensemble de valeurs avec le vecteur d'horloge ts. La suppression d'un attribut se fait en mettant la valeur à nulle. L'aspect d'annulation est également matérialisé par une opération extrêmement utile en pratique. Cependant, dans cette approche, il est démontré comment assurer la propriété de convergence mais pas comment préserver l'intention et la causalité du modèle de la cohérence CCI.

En résumé, les algorithmes basés sur la technique TO ne sont pas appropriés pour les réseaux P2P et ils peuvent s'appliquer uniquement pour les applications qui utilisent des représentations linaires de document [ING 02]. Par conséquent, il n'y a pas de fonctions de transformations définies pour les stores sémantiques. Par contre la technique CRDT a été appliquée avec succès sur différentes structures de données, dans l'édition collaborative pour les types de données linéaires (Document texte) [WEI 09], document en arbre [PRE 09] et semi-structurés [MAR 10] mais jamais pour les données de type sémantique ayant une structure d'ensemble et assurant les critères du modèle de cohérence CCI.

Afin de permettre un meilleur passage à l'échelle, il serait intéressant de répartir la charge sur un ensemble des serveurs au lieu d'utiliser un serveur central. L'approche la plus adéquate dans cette directive est celle de P2P.

3.3 Systèmes pour les stores sémantiques sur les réseaux P2P

De nombreuses solutions, basées sur une architecture distribuée, ont été proposées afin de supporter le stockage, l'indexation et l'interrogation des stores sémantiques, tel que [TUM 07]. La plupart d'entre elles utilisent des entrepôts RDF distribués et partagés.

Swooki [SKA 09] est un wiki sémantique déployé sur une infrastructure P2P. Il a été implémenté en utilisant la solution mediaWiki [OLK 06] comme une instanciation de la classe de réplication optimiste utilisé pour des fins d'intégration de pages wikis avec des annotations. Dans SWOOKI, les pairs hébergent à la fois une réplique des pages Wikis sémantiques et un store de données RDF afin de sauvegarder le contenu sémantique relatif à chaque page. Les utilisateurs de SWOOKI collaborent non seulement pour éditer les pages wikis mais aussi pour ajouter des annotations aux données de ces pages. SWOOKI se base sur l'entrepôt Sesame [BRO 02] pour l'extraction et le stockage des données RDF à l'aide de l'exécution des requêtes sémantiques. Deux opérations sont définies sur les entrepôts sémantiques pour mettre à jour les données RDF, la première est utilisée pour l'insertion d'un nouveau triplet et l'incrémentation de l'occurrence qui lui a été attribué. La deuxième opération est utilisée pour la suppression physique depuis l'entrepôt RDF local lorsque l'occurrence associée est égale à zéro. Cependant, cette solution peut échouer dans la satisfaction de la condition de cohérence entre les pairs, en particulier lorsqu'une opération de suppression est utilisée. Par exemple, quand deux pairs effectuent la séquence d'opérations données dans l'ordre suivant:

Peer1:insT(T)>>delT(T)>>insT(T)>>delT(T)⇒[]

Peer2:insT(t)>>delT(t) >>delT(t)>>insT(t) ⇒[T]

Par conséquent, cela conduit à une divergence des entrepôts locaux de type RDF et fournit des incohérences entre les deux pairs de telle sorte que l'un avec la présence du triplet T et l'autre sans T.

RDFSync [TUM 07] est une approche de synchronisation de données de type RDF. Les données RDF sont divisées en une séquence de graphe de triplets dite MSG(Minimum Self-Contained Graphs) afin de faciliter la synchronisation. Le modèle RDF utilisé comporte une liste hachage contenant des identifiants avec leurs MSGs. La synchronisation se fait entre deux modèles RDF considérés respectivement comme source et cible en calculant la distance de chaque MSG dans le premier modèle par rapport à son correspondant dans le deuxième. RDFSync peut effectuer trois sortes de synchronisation, dans TGS (Target Growth Sync) la fusion des deux graphes est identique au graphe cible, dans TES (Target Erase Sync) le graph cible est obtenu suite à la suppression de certains triplets inconnus et enfin dans TCS (Target Change Sync) le graph cible converge exactement vers le graph source. Cependant, RDFSync est conçu pour une utilisation uniquement dans une architecture centralisée, en effet, il ne peut pas être exploité pour la synchronisation dans des architectures distribuées tels que les réseaux P2P où les graphes sont construits par des utilisateurs qui collaborent entre eux car il est incrémental (il n'y a que des insertions).

RDFGrowth [TUM 04] est une approche destinée aux applications déployées sur des réseaux P2P par échange des métadonnées. RDFGrowth est basé sur la création des groupes d'intérêt où chaque pair peut s'intégrer à un groupe qui lui convient afin de pouvoir accroitre les connaissances de l'ensemble des pairs sur des sujets bien précis. Dans RDFGrowth, chaque pair dispose d'une réplique locale contenant les données RDF et utilise un algorithme lui permettant d'accroître ses connaissances en effectuant des opérations de découvertes et en important de données relatives aux autres pairs. L'approche RDFGrowth peut être utilisée pour assurer la synchronisation des URIs qui décrivent l'intérêt et les informations sur un groupe donné. Malheureusement, RDFGrowth a un mécanisme incrémental ce qui ne permet pas aux triplets supprimés sur un pair d'être supprimés sur les autres pair, en outre, RDFGrowth ne vérifie pas l'ensemble des critères du modèle de cohérence CCI.

RDFPeer [CAI 04a] est l'un des premiers systèmes qui a été mis en place pour supporter les entrepôts RDF distribués en prenant en compte les caractéristiques des réseaux P2P. Il sauvegarde, indexe et traite les triplets selon une spécification de leurs objets, sujets et prédicats. Pour ce faire, RDFPeer s'appuie sur MAAN (multi-attributevadressable network) [CAI 04b] qui est considéré comme une extension de CHORD afin d'améliorer le traitement des requêtes ayant plusieurs attributs. RDFPeer a la possibilité d'exécuter principalement deux types de requêtes, soit atomique soit composable. Une requête composable est une sorte de combinaison d'un ensemble de requêtes atomiques. Cependant, RDFPeer n'a pas la capacité de soutenir le système complexe qui intègre des requêtes de mises à jour pour permettre l'édition collaborative des triplets.

Edutella [NED 02] propose une infrastructure métadonnées pour les applications P2P basée sur l'interrogation de métadonnées RDF stockées sur des entrepôts distribués. L'objectif est de fournir un accès aux ressources pédagogiques utilisées dans l'enseignement à distance et qui peuvent être de nature plus complexe qu'un fichier simple. Edutella distingue deux types de pairs à savoir, le type simple et le type super-pair. Les pairs simples fournissent uniquement des ressources de données, ainsi que leurs schémas alors que les super-pairs sont utilisés à plusieurs fins, y compris la médiation, l'intégration et le routage des requêtes. En outre, Edutella vise, dans son contexte général, à uniformiser les services et les principes définis dans les réseaux P2P pour bâtir une plateforme d'homogénéisation standard servant à développer des applications interopérable. Parmi les services proposés, il y a le service de réplication de données. Cependant, il n'est pas motionné comment assurer la réplication et la synchronisation de métadonnées.

C-Set [ASL 11] propose une CRDT pour les données de type ensemble, où quatre opérations sont définies sur cet ensemble dont deux sont considérées comme symétriques. L'opération de suppression del(T) peut s'effectuer localement et envoie aux autre sites une opération correspondante qui s'appelle $rdel(T, i)$ pour s'exécuter à distance. De la même manière, l'exécution de l'opération d'insertion locale ins(T) génère l'opération correspondante rins(T, i) pour qu'elle s'exécute en tant qu'opération distante sur le reste des sites. Cependant, dans C-Set les auteurs n'ont pas mentionné la façon dont la causalité et l'intention des opérations sont respectées. En outre, leur proposition peut conduire à des conflits entre les répliques et génère des exécutions divergentes. Cela se produit particulièrement lorsqu'une opération de suppression est effectuée après l'exécution d'une opération d'insertion à distance comme le montre la figure 3.6.

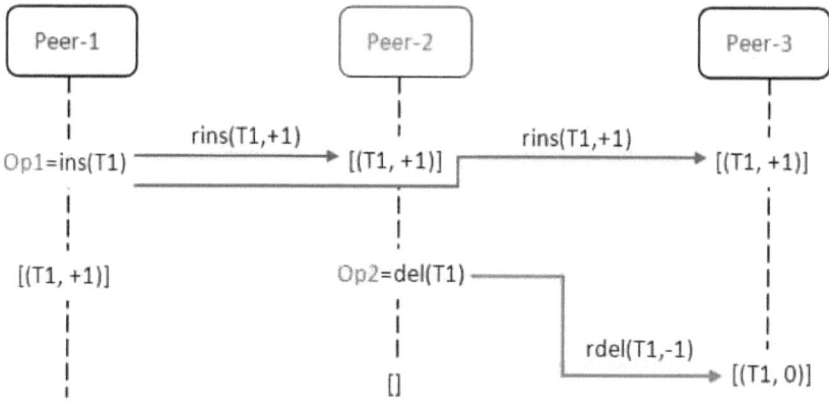

Figure 3.6: Divergence après une exécution de modification concurrente dans la proposition C-Set

Dans [QUI 08], Quilits et al. présentent une plateforme basée sur SPARQL pour l'exécution des requêtes sur des graphes RDF. Dans cette plateforme, une seule interface est utilisée pour permettre aux utilisateurs d'interroger plusieurs points de terminaison de SPARQL qui sont déjà distribués. L'architecture du système à base de médiation est aussi utilisée afin de fournir un accès transparent aux multiples sources de données et en faisant une fédération de requêtes transparents pour le client. Les sources de données sont décrites par un service dit service de description. Un langage de description de service permet au moteur de recherche de décomposer une requête en sous-requêtes, chacune d'entre elles peuvent être résolues par un service personnalisé.

SAHA 3 [KUR 10] est un éditeur de métadonnées RDF pour l'annotation collaborative, qui peut être utilisé pour créer et publier instantanément du contenu sémantique sur le web sémantique. SAHA 3 passe à l'échelle en termes d'objets et intègre une plateforme d'édition simple pour la construction des portails de recherche destinés à l'utilisateur final avec la possibilité d'effectuer de recherche en texte intégral et à multiples facettes, un service de chat en ligne est également offert aux utilisateurs. Cependant, SAHA 3 ne supporte que le mode d'édition collaborative simultanée de données RDF. Ainsi, lorsque l'utilisateur commence à modifier des ressources, ces ressources sont verrouillées face autres utilisateurs.

Tsatsanifos et al. [TSA 11] proposent une approche de gestion des entrepôts RDF/S distribués sur un réseau P2P appelée MIDAS-RDF. MIDAS-RDF est construit autours d' un système multi-dimensionnel conçu pour une large distribution de réseau [DZA 12], où chaque triplet RDF est représenté par une clé à quatre dimensions. En outre, MIDAS-RDF a été développé pour prendre en charge le modèle publish-subscribe qui permet aux pairs distants de manière sélective de s'abonner à l'index de structure du contenu RDF.

Dans [SHA 11], les auteurs présentent plusieurs CRDTs pour les ensembles, G-Set (Grow only Set), LWW-element-set (Last Writer Wins Set) et ORSet (Observed Remove Set). Dans G-Set, il y a seulement une opération d'insertion dans laquelle chaque élément peut être inséré. L'élément inséré ne sera jamais supprimé de l'ensemble. Le principe de réconciliation est donc basé sur l'union des ensembles, puisque l'union est commutative. Dans LWW-element-set, une estampille est attachée à chaque élément. Si un élément n''existe pas dans l'ensemble, une opération locale met à jour la valeur de son estampille et l'ajoute à l'ensemble. Malheureusement, l'utilisation d'estampilleur empêche LWW-element-set de passer à l'échelle. Dans OR-Set, chaque élément est associé à un ensemble de tag unique. Une opération d'insertion locale crée un tag pour l'élément et une opération locale de suppression entraîne la suppression de tous les tags de l'élément en question. Cependant, G-Set ne tient pas compte de l'intention de l'opération de suppression, LWWelement-Set ne permet pas le passage à l'échelle car il utilise le mécanisme d'estampilleur et OR-Set nécessite mécanisme transparent par la génération de tag unique entre les différents sites.

Récemment, l'approche CU-Set [IBA 12] a été proposée comme un CRDT conçu pour les graphes RDF basé sur OR-Set [SHA 11], elle supporte la norme de SPARQL 1.1 Update et assure la convergence. SU-Set a été développée pour servir comme une base pour les entrepôts RDF qui pourrait s'implémenter dans un moteur d'inférence RDF. Puisque OR-Set ne prend en considération que les opérations d'insertion et suppression d'un seul élément, il serait impossible d'appliquer OR-Set directement sur SPARQL Update. Par conséquent, SU-Set modifie le comportement des opérations à diffuser de telles sortes que l'ensemble des triplets seront affectés un par un. Malheureusement, cela pourrait saturer le réseau avec un trafic important relatif à la taille potentielle d'un graphe RDF. Cependant, SU-Set repose sur la livraison causale du réseau sous-jacent, ce qui est présente un défi et peut poser des problèmes dans les plateformes fortement dynamiques. En outre, dans SU-Set, il n'a pas été défini le mécanisme de l'intention des opérations d'édition.

Les méthodes étudiées dans cette section se limitent à des solutions de partage, d'interrogation et de synchronisation de stores RDF distribués. En outre, en raison de la nature complexe du problème de l'édition collaborative de triplets RDF, les méthodes déjà développées dans ce domaine ne prennent pas en compte les opérations de mise à jour concurrentielle et ne satisfont pas les trois critères réunis du modèle de cohérence CCI qui est exigé pour chaque environnement collaboratif d'édition.

3.4 Conclusion

Dans ce chapitre, nous avons présenté un état de l'art des techniques utilisées pour maintenir la cohérence et leurs apports au concept de l'édition collaborative. Nous avons commencé par aborder les approches de réconciliation des transformées opérationnelles ainsi que leurs limites. Ensuite, nous avons présenté la nouvelle classe d'algorithmes CRDT, conçue pour la réplication optimiste en assurant la convergence des répliques sans aucun contrôle complexe. Enfin, nous avons décri les approches les plus significatives retenues dans le contexte des environnements d'édition collaborative des stores sémantiques sur les réseaux P2P. Nous constatons que la majorité des solutions existantes traitent seulement le cas du partage et d'interrogation des stores sémantique, avec des méthodes qui ne convergent pas ou qui ne permet pas le passage à l'échelle, en particulier pour les réseaux P2P. Pour les stores sémantiques ayant une structure d'ensemble, il n'y avait pas de solution prenant en considération le modèle complet de la cohérence CCI.

Dans les chapitres suivants où nous allons développer notre approche selon différents aspects comprenant principalement la description du modèle de cohérence pour l'édition collaborative des stores sémantique distribués et l'expérimentation de notre solution, nous proposons une modèle générique permettant de fournir un mécanisme de réconciliation de données passant à l'échelle suivant les concepts de la commutativité de la techniques CRDT.

Deuxième partie : Contributions

Chapitre 4 : Cohérence dans les environnements d'édition collaborative

Chapitre IV : Proposition de l'approche srCE

4.1 Introduction

Dans ce chapitre nous présentons les travaux que nous menons actuellement concernant la conception d'une nouvelle approche, appelée srCE, destinée à la réplication optimiste pour l'édition collaborative des stores sémantiques sur un réseau P2P. L'idée principale de ce travail est de concevoir un nouveau type de données commun et réplicatif (CRDT) pour les entrepôts sémantiques ayant une structure des ensembles qui dépasse les limites d'un éditeur centré sur une architecture client/serveur à une architecture dynamique pair-à-pair, et cela afin de supporter la construction des connaissances da façon collaborative, de supporter le passage à l'échelle en termes d'utilisateurs et ressources, de supporter la dynamicité des pairs et d'assurer la disponibilité des triples-stores. Dans ce contexte, tous les pairs du réseau répliquent des stores sémantiques contenant un ensemble de triplets de type RDF. Lorsqu'un pair modifie sa réplique locale, il diffuse une opération correspondante sur les autres pairs. Notre solution doit assurer les trois critères du modèle de la cohérence CCI : Convergence, Causalité et Intention ce que les approches existantes n'ont jamais traitées.

4.2 Modèle srCE

Dans cette section, nous présentons le modèle srCE et ses algorithmes. Nous commençons par définir les concepts de base de srCE en décrivant formellement les structures de données utilisées, ainsi que les modèles de stockage et d'intention. Puis, nous expliquons les algorithmes. Enfin, nous évaluons le modèle en termes de correction.

Dans un système d'édition collaborative, la génération des opérations de modification, qui s'intègrent au niveau de chaque pair, est généralement maintenue par une relation de précédence.

Définition 1 : *(Relation de précédence) Etant donné deux opérations Op1 et Op2. Si op1 >> op2 alors op1 doit s'exécuter toujours avant op2 sur tous les pairs.*

Une relation de précédence entre les opérations peut être représentée par un graphe orienté. Par exemple, la séquence des opérations O = ((Opi, Opj, Opk), (i<j< k)) a pour graphe (voir figure 4.1) :

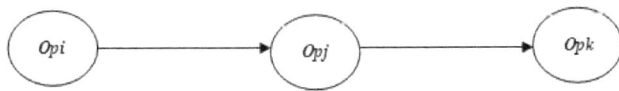

Figure 4.1: Exemple de représentation graphique d'une relation de précédence entre trois opérations

Dans cet exemple, *Opi* s'exécute avant *Opj* puis *Opk* après Opj.

Définition 2: *(Etat de repos) Pour un réseau P2P de n nœuds, le système collaboratif est dit en état de repos (idle) si toutes les opérations générées par*

un site S sont exécutées localement et ensuite propagée et exécutées convenablement sur tous les autres sites.

Le système srCE d'édition collaborative est au repos, cela suppose que plus aucune modification ne soit effectuée et que toutes les opérations émises ont été reçues. S'il n'y a aucune opération qui transite entre les pairs alors toutes les répliques de données partagées doivent être identiques.

Définition 3: *(Etat de cohérence) Le système srCE est dit cohérent si les deux conditions suivantes sont satisfaites :*

1. Le système est en état de repos.

2. Toutes les répliques du store sémantique sont identiques après avoir exécutées les mêmes opérations.

L'état de cohérence des répliques assure que le système converge quand il est au repos, où toutes les opérations ayant exécutée en local ont aussi été exécutées sur tous les pairs distants après avoir été diffusées. Pour garantir la cohérence des répliques de stores sémantiques, tous les pairs doivent trouver la même copie une fois le système est au repos.

Il est à clair que l'ordre d'exécution des opérations n'est pas forcément le même sur tous les pairs puisque il est évident que l'exécution de la même séquence des opérations sur les différentes répliques conduit toujours à un état de convergence. La génération d'une opération *Op* suivie par son exécution locale, puis sa propagation suivie par son exécution à distance, cela produit généralement un ordre différent d'exécution des opérations sur tous les pairs.

La figure 4.2 illustre un simple scénario d'exécution d'opérations d'édition pour un store sémantique. Deux pairs modifiant en parallèle un store partagé, dont les répliques contiennent initialement les triples {T1, T2}. Le pair 1 exécute l'opération Op1 pour insérer le triplet T3. Au même moment, le pair 2 supprime le triplet T2 en exécutant l'opération Op2. Par la suite, le pair 1 exécute l'opération Op3 pour supprimer le triplet T1. Après la diffusion des opérations locales, les deux pairs exécutent respectivement les séquences suivantes Seq1=[Op1,Op3,Op2] et Seq2=[Op2,Op1,Op3]. Nous constatons que quand le système est au repos, les répliques convergent et deviennent cohérentes.

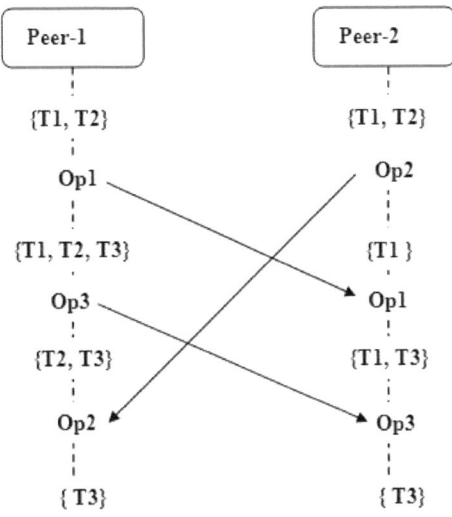

Figure 4.2: Etat de cohérence quand le système est au repos

Définition 4: *(Relation de concurrence) Soit O un ensemble des opérations, ∀ Op1, Op2∈ O, une relation de concurrence, notée ||. Si Op1 >> Op2≠ Op2 >>Op1 alors Op1 || Op2. Les deux opérations Op1 et Op2 sont donc dites concurrentes.*

La concurrence correspond aux situations dans lesquelles se retrouvent plusieurs utilisateurs tentant de modifier un même triplet partagé. Dans le contexte des stores sémantiques, la concurrence aura lieu lorsque deux opérations d'insertion et de suppression issues de deux sites différents s'exécutent sur un même triplet dans un ordre différent.

Définition 5: *(condition de convergence) le système est convergent ssi toutes les opérations commutent.*

La définition 5 s'inspire de la notion de cohérence telle qu'elle est décrite dans CRDT [PRE 09].

Définition 6: *(Commutativité des opérations) Soit O un ensemble des opérations, $\forall$ Op1, Op2$\in$ O . Op1 et Op2 sont dites commutatives ssi: Op1>>Op2$\equiv$ Op2>>Op1. On dit alors que Op1 et Op2 commutent.*

En mathématiques, certaines opérations sont commutatives si pour tout x et y possible dans l'ensemble xy = yx. Les opérations d''addition, de soustraction, et de multiplication dans les réels sont des opérations commutatives tandis que la multiplication de matrices n'est généralement pas.

La commutativité est une propriété d'opérations, liée à la structure de données, qui permet de changer l'ordre d'exécutions des opérations sans changer le résultat, c'est-à-dire que l'ordre d'exécution dans lequel sont données les opérations n'a pas d'influence sur le résultat final. Deux opérations quelconques Op1 et Op2, provenant respectivement du site S1 et S2, donnent un résultat identique quelque soit l'ordre d'exécution des opérations. Dans la théorie des ensembles, les opérations d'insertion et de suppression des éléments différents commutent, par exemple, considérons l'ensemble de triplets E={T1,T2,T3} . L'ajout d'un nouveau triplet peut se traduire par une opération d'union : (E $\cup$ {T4})$\cup$ {T5}= (E $\cup$ {T5})$\cup$ {T4}={T1,T2,T3,T4,T5}, alors que la suppression d'un triplet depuis d'ensemble se traduise par une opération de différence: {E \ {T2}}\{T1}= {E \ {T1}}\{T2}={T3}. Dans le cas d'un couple d'opérations d'insertion et de suppression, il y a aussi une commutation: (E ∪ {T4})\ {T2}= (E \ {T2})∪ {T4}={T1,T3,T4}. Par contre, lorsqu'il s'agit d'un même triplet l'insertion et la suppression ne commutent plus: (E ∪ {T2})\ {T2}={T1,T3}≠(E \ {T2})∪ {T2}={T1,T2,T3}. Ceci est un exemple de conflit classique dans l'édition des ensembles auquel notre solution cherche à le résoudre par la définition d'une nouvelle structure de données permettant la commutativité des opérations de base (insertion & suppression) sur les ensembles.

4.2.1 Modèle de stockage

Pour atteindre la commutativité sur une structure d'ensemble, nous allons définir deux multi-sets secondaires qui seront utilisés par un ensemble principal. Tandis que l'ensemble principal contiendra les triplets résultants d'un processus suite à la mise en œuvre d'un processus de réconciliation, les deux multi-sets contiendront les triplets insérés et supprimés respectivement lors de la session du travail collaboratif. Deux nouvelles opérations sont également définies pour permettre la manipulation de cette nouvelle structure de données : insTp(t) pour une insérer le nouveau triplet t et delTp(t) pour supprimer le triplet t.

Définition 7 : *(Store collaboratif) un store est dit collaboratif s'il est un ensemble de triplets RDF partagés en modification par des requêtes des utilisateurs provenant de différents pairs.*

Le store collaboratif est initialement instancié en plusieurs répliques, puis il est recopié sur plusieurs pairs de telle façon que chaque pair pourra apporter des modifications sur sa propre instance.

Définition 8 : *(Multiplicité) Soit T un triplet RDF, S un ensemble de triplets, pour chaque t ∈ T alors f(t) est la multiplicité de t tel que f : T → N, où N est l'ensemble des nombres entiers. La valeur de f(t) est dite la multiplicité du triplet t dont la valeur correspond au nombre de fois le triplet t figure dans l'ensemble S. La multiplicité d'un élément ne peut être jamais négative.*

Définition 9: *(RDF store) Un RDF store est un entrepôt utilisé pour le stockage des triplets RDF. Il est considéré comme un multi-ensemble qui se définit par un couple (T, F) où T est un ensemble de triplets et F est une fonction de multiplicité dont on associe à chaque triplet une valeur correspondant à ses occurrences.*

En mathématique, le concept de multi-set utilisé dans cette étude est une généralisation de l'usage des ensembles. Au contraire à la notion de l'ensemble qui contient pour chaque triplet une seule occurrence, le multi-set peut contenir un multiple d'occurrences pour le même triplet. Par exemple, les multi-sets

M1={<"bob","knows","alice">,<"bob","knows","alice">,<"bob","knows","alice">, <"bob","knows","eve">, <"bob","knows","eve">}, et M2={ <"bob","knows","alice">, <"bob","mbox","bob@example.com"> } peuvent être redéfinis par M1={(<"bob","knows","alice">, 3), (<"bob","knows","eve">, 2) }, et M2={(<"bob","knows","alice">, 1), (<"bob","mbox","bob@example.com">,1)}, où 3 est le nombre d'occurrences du premier triplet et 2 est celui du deuxième pour M1. Les deux triplets de M2 ont le même nombre d'occurrences qui est égale à un.

Une importante propriété du modèle srCE est que ses opérations ne s'exécutent pas directement sur l'ensemble final mais elles doivent d'abord s'exécuter sur l'un des multi-sets supplémentaires, selon le type de l'opération.

Par la suite, une opération interne se génère en vue de produire un ensemble cohérent. Les deux multi-sets supplémentaires sont réservés à traiter les requêtes d'insertion et de suppression et ils sont définit respectivement comme suit :

Définition 10 : *(RDF store d'insertion) Un RDF store d'insertion, noté A, est un RDF store qui contient tous les triplets insérés par un utilisateur couplés à des valeurs de multiplicité.*

Définition 11 : *(RDF store de suppression) RDF store de suppression, noté par D, est un RDF store qui contient tous les triplets avec leurs valeurs de multiplicités f(t), supprimés par l'utilisateur.*

Les deux RDF stores d'insertion et de suppression peuvent être utilisés comme un compteur d'incrémentation unique. Dans notre contexte, le compteur d'incrémentation unique joue un rôle important du fait qu'il est utilisé pour compter le nombre d'opérations d'insertion et de suppression exécutées sur un triplet. Cela a pour effet de préserver l'intention des opérations dans les entrepôts des différents pairs qui répliquent les mêmes données sémantiques et exécutent des opérations dans un ordre différents.

Définition 12 : *(RDF store résultant) un RDF store résultant, noté R, est l'ensemble résultant qui comporte tous les triplets contenus dans RDF store d'insertion tel que les valeurs de la multiplicité de ces triplets sont supérieures à celles des mêmes triplets existants dans RDF store de suppression D. En d'autre terme, $R=A-D =\{t \ / \ t \in A \land (t)_A > (t)_D\}$, $(t)_A$ et $(t)_D$ sont respectivement la multiplicité du triplet t dans A et dans D.*

Lorsqu'il s'agit du même triplet qui est susceptible d'être ajouté supprimé simultanément, la parution de ce triplet dans le RDF store résultant (R) dépend des valeurs de sa multiplicité dans les RDF stores d'insertion et de suppression (A et D).

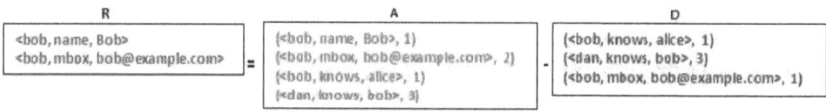

Figure 4.3: Exemple de génération du RDF store résultant

La figure 4.3 illustre un exemple du mécanisme de construction de RDF store résultant depuis les RDF stores d'insertion et de suppression.

Tous les cas possibles sont présents dans cet exemple, seulement le premier et le deuxième triplet de A apparaissent dans R puisque ils ont une multiplicité supérieure à celle du même triplet dans D. Le RDF store résultant contenant uniquement donc <bob, name, Bob> et <bob, mbox,bob@example.com>. Le premier triplet de R n'existe pas dans le RDF store de suppression et a une multiplicité initiale égale à une dans le RDF store d'insertion. Cela est obtenu à cause que le triplet <bob, name, Bob> n'a jamais été supprimé. Le second triplet de R a une valeur de multiplicité dans le RDF store d'insertion supérieure à celle de du RDF store de suppression. Le mécanisme de construction et de génération de RDF store résultant à partir de deux autres RDF stores auxiliaires vise à assurer la convergence et la cohérence dans tout cas d'édition collaborative. Par conséquent, les différents utilisateurs devraient avoir le même RDF store à chaque fois qu'un triplet est inséré ou supprimé.

Durant une session d'édition collaborative, les répliques de données passent d'un état à un autre allant d'une configuration initiale à une configuration finale en parcourant des configurations dites intermédiaires. Concernant la configuration initiale, elle correspond à l'état des données partagées dès le début de la session collaborative. Quant à la configuration

Chapitre 4 : Proposition de l'approche srCE

finale, elle correspond à l'état de repos où toutes les répliques réparties doivent converger.

Définition 13 : *(Etat d'un RDF store) Pour un site quelconque P, son état S de réplique de store sémantique est défini par un triplet <A, D, R> avec A est le store d'insertion, D est le store de suppression et R est le store résultant à un instant donné. S est écrit comme suit : S=<A, D, R>.*

Un nouvel état est créé suite à l'exécution d'une nouvelle opération que ce soit locale ou distante. Aucune opération ne peut s'exécuter directement sur R, par contre elle est initialement exécutée selon son type sur A ou D. R est ensuite calculé en fonction des contenus de A et D.

4.2.2 Modèle d'intention

Chaque opération d'un utilisateur est diffusée sur tous les autres pairs distants de telle sorte que tous les utilisateurs puissent voir le reflet de cette opération dans leurs propres répliques locales. Toute opération distribuée réalise l'intention de l'utilisateur qu'il initialise de façon que lorsqu'une opération quelconque s'exécute sur une autre réplique de RDF store, l'opération est reflétée correctement. Autrement dit, quand le système est au repos et tous les utilisateurs ont des copies identiques, toutes les répliques devront contenir les mises à jour des utilisateurs.

Pour les données sémantiques, particulièrement dans le contexte des ensembles et multi-sets, l'intention des opérations d'insertion et de suppression n'a jamais été clairement définie. En effet, nous allons introduire dans ce qui suit les notions nécessaires pour définir clairement et précisément les intentions de ces opérations.

Définition 14 : *(Intention de l'insertion) L'intention de l'opération d'insertion est définie comme $f(t)=f(t)+1$ et $A_{n+1} = A_n \cup \{t\}$ où la multiplicité du triplet t est* incrémentée dans le RDF store d'insertion A. la valeur initiale de f(t) est toujours égale à 0, A_n et A_n+1 sont respectivement les RDF stores d'insertion dans deux cas différents et consécutifs, où A_n+1 est l'union de A_n et le triplet ainsi ajouté.

Définition 15 : *(Intention de suppression)* L'intention de l'opération de suppression est définie comme f(t)=f(t)+1 and D_n+1 = D_n ∪ {t} où la multiplicité du triplet t est incrémentée, la valeur initiale de f(t) est égale à 0, D_n et D_n+1 sont respectivement RDF store de suppression dans deux cas différents et consécutifs, où D_n+1 est l'union de D_n et le triplet ainsi supprimé.

Si le triplet t à ajouter ou à supprimer n'existe pas dans A ou dans D respectivement, il sera donc y inséré avec une multiplicité égale à un ; sinon sa multiplicité est incrémenté dans A ou D suivant le type de l'opération.

4.2.3 Opérations de modification

Un utilisateur travaille sur un RDF store par l'ajout, la suppression et la modification des triplets du RDF store. Chaque action de mise à jour lancée par un utilisateur, est également réalisée par une opération. Dans les systèmes d'édition collaborative, deux primitives d'opérations génériques peuvent affecter un RDF store : insertion et suppression. Une opération de mise à jour peut être considérée comme une suppression de la valeur existante à mettre à jour suivie par une insertion de la nouvelle valeur. Les deux primitives d'opérations génériques utilisées lors de l'édition collaborative d'un RDF store sont:

– **insT(t) :** est une opération à laquelle le triplet *t* est inséré dans le RDF store d'insertion.

– **delT(t) :** est une opération à laquelle le triplet *t* est inséré dans le RDF store d'suppression.

La mise à jour d'un triplet est donc équivalente à l'exécution de la séquence [delT(t1), insT(t2)]. Une requête de mise à jour consiste en deux opérations, comprenant un triplet à supprimer et un autre à ajouter. En d'autres mots, l'exécution d'une opération de modification, changeant la valeur d'un triplet t1 par une nouvelle valeur de t2, correspond à l'exécution séquentielle de delT(t1) suivi par insT(t2).

Une séquence d'instructions d'insertion et ou de suppression de triplets s'exécute en patch qui représente l'ensemble d'opérations à intégrer.

Définition 16: *(Opération locale/distante) Une opération est dite locale si elle est générée et exécutée sur le même pair. Une opération est dite distante si elle est générée par un pair distant.*

Après chaque exécution d'une opération locale le contenu de R est calculé, et l'opération correspondante est ensuite diffusée aux autres pairs dans le but de s'exécuter à distance.

Nous allons maintenant définir comment percevoir la transition entre les différents états lors de l'édition collaborative des stores partagés.

Définition 17: *(Fonction de transition) Une fonction de transition σ, permet de passer d'un état de store sémantique à un autre selon le type d'opération en cours: σ: S_i X Op → S_{i+1} avec Op une opération locale ou distante, S_i et S_{i+1} deux états successifs où S_{i+1} est l'état obtenu depuis S_i après l'exécution de l'opération Op.*

La fonction de transition σ, peut être exprimée sous la forme de: σ(S_i, Op) = S_{i+1}. Cela signifie que l'exécution de l'opération Op sur S_i génère l'état S_{i+1}.

Définition 18 : *(Exécution d'une opération d'insertion) Soit un état d'une réplique de store sémantique S_i=<A_i, D_i, R_i>, σ fonction de transition et Op_A*

une opération d'insertion de triplet. L'exécution de l'opération Op_A sur l'état S_i est définie comme suit :

$$\sigma(S_i, Op_A) = S_{i+1} \equiv \sigma(<A_i, D_i, R_i>, Op_A) = <A_{i+1}, D_i, R_{i+1}>.$$

Définition 19 : *(Exécution d'une opération de suppression)* Soit un état d'une réplique de store sémantique $S_i=<A_i, D_i, R_i>$, σ fonction de transition et Op_D une opération d'insertion de triplet. L'exécution de l'opération Op_D sur l'état S_i est définie comme suit :

$$\sigma(S_i, Op_D) = S_{i+1} \equiv \sigma(<A_i, D_i, R_i>, Op_D) = <A_i, D_{i+1}, R_{i+1}>.$$

Ces deux définitions révèlent que le passage d'un état de store sémantique à un autre n'implique pas impérativement la modification des trois éléments de l'état.

Chaque état d'une réplique correspond aux valeurs de A, D et R. R est calculé à partir des opérations exécutée où l'ordre de ces opération n'est pas pris en considération.

La figure 4.4 illustre un exemple de RDF stores avant et après l'exécution des opérations d'insertion et de suppression.

Dans les deux exemples (a) et (b) de la figure 4.4, l'état initial S0 est le même et ne contient que le triplet (alice, tel, "(213) 578-80") dans le RDF store résultant. Ce dernier figure aussi dans le RDF store d'insertion avec une multiplicité égale à un. Par ailleurs, le RDF store de suppression ne contient aucun triple, cela veut dire qu'aucun triplet n'a été déjà supprimé. En effet, l'état S0 est formellement décrit comme suit :

S0 =<A0, D0, R0>=< (alice, tel, "(213) 578-80"), (<alice, tel, "(213) 578-80">,1),∅>

Dans la figure 4.4 (a), une opération *Op1=insT(alice, likes, baseball)* est exécutée pour insérer le nouveau triplet (alice, likes, baseball). Cette opération génère un nouvel état S1 dont l'attribut R contiendra les deux triplets *(alice, tel, "(213) 578-80")*, *(alice, likes, baseball)*. Puisque le triplet *(alice, likes, baseball)* n'existait initialement ni dans A ni dans D, il a été premièrement inséré dans A avec un compteur égale à un, puis le R a été également calculé en fonction des triplets que contiennent A et D. La description formelle de cette action est :

σ(S0,Op1) = S_1 ≡

σ(< {(alice, tel, "(213) 578-80")}, {(<alice, tel, "(213) 578-80">,1)},∅>, insT(alice, likes, baseball))= (< {(alice, tel, "(213) 578-80"),*(alice, likes, baseball)*}, {(<alice, tel, "(213) 578-80">,1), (<*(alice, likes, baseball)*>,1)},∅>.

Dans figure 4.4 (b), le triplet (alice, tel, "(213) 578-80") a été supprimé en exécutant l'opération *Op2=delT(alice, tel, "(213) 578-80")*. Dans un premier temps, le triplet supprimé est ajouté dans le store D avec une multiplicité égale à un. Le store résultant R est par la suite calculé en fonction des valeurs des multiplicités des triplets dans A et dans D, ce qui conduit à enlever définitivement (alice, tel, "(213) 578-80") de R.

La description formelle de cette opération est la suivante :

σ(S0, Op2) = S2 ≡ σ(< {(alice, tel, "(213) 578-80")}, {(<alice, tel, "(213) 578-80">,1)},∅>, delT(alice, tel, "(213) 578-80"))= (<∅, {(<alice, tel, "(213) 578-80">,1), (<*(alice, likes, baseball)*>,1)}, {(<alice, tel, "(213) 578-80">,1), (<*(alice, likes, baseball)*>,1)}>.

Chapitre 4 : Proposition de l'approche srCE

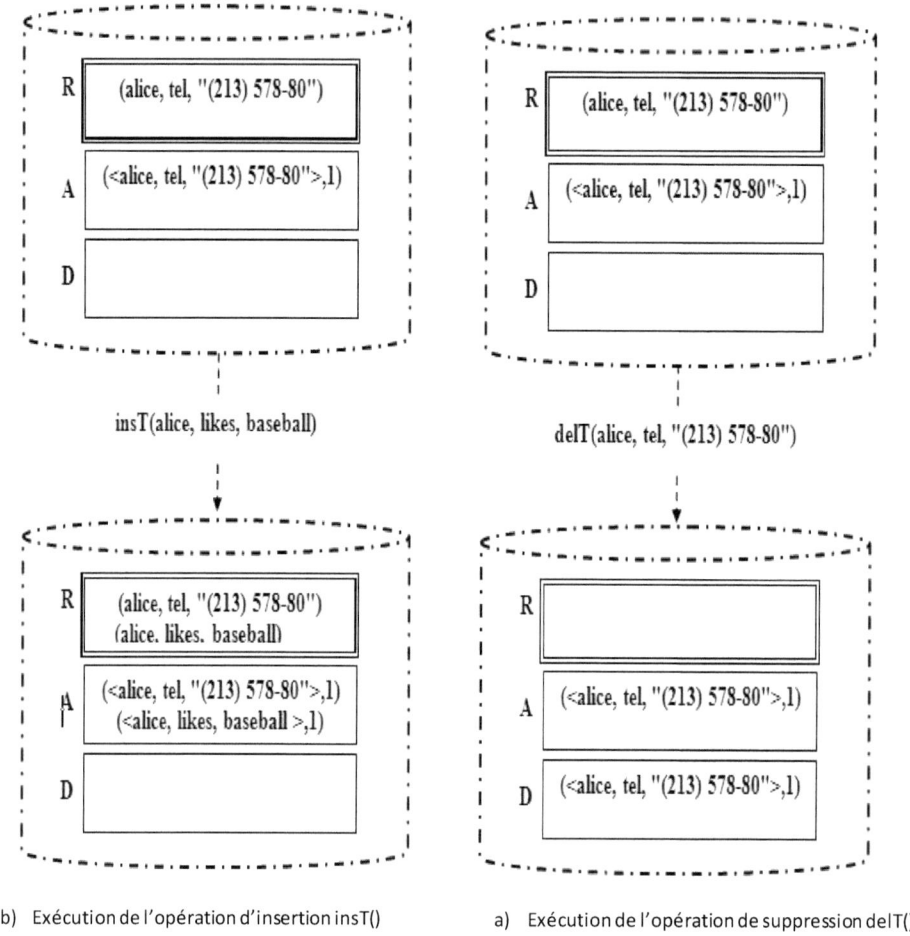

b) Exécution de l'opération d'insertion insT()   a) Exécution de l'opération de suppression delT()

Figure 4.4: Exemple d'exécution des opérations de base sur la structure srCE

Afin de mettre en évidence les concepts de la méthode srCE du point de vue structure de données et opérations d'édition concurrente, le scénario suivant est proposé (illustré dans la figure 4.5). Considérons deux utilisateurs dans deux pairs ou deux sites distribués sont à éditer le même RDF store où chaque utilisateur dispose de sa propre réplique.

Admettons deux triplets T1=<bob, knows, alice> et T2=<bob, name, Bob>. L'état initial contient déjà T1 et T2. Au début, les deux copies sont identiques. Le premier utilisateur exécute Op1=insT(T1) pour insérer le triplet T1 et le deuxième supprime-le en exécutant l'opération delT(T1). Après l'exécution de l'opération Op1 sur le peer-1, la multiplicité de T1 dans A est incrémenté à 2 et le RDF résultant R contient les triplets de R, puisque D est vide. Quand Op2 est exécutée sur peer-2, le triplet T1 est inséré dans D avec une multiplicité égale à un, R contient alors uniquement T2. Quand Op1 et Op2 sont diffusées mutuellement, les RDF stores résultants convergent et deviennent identiques.

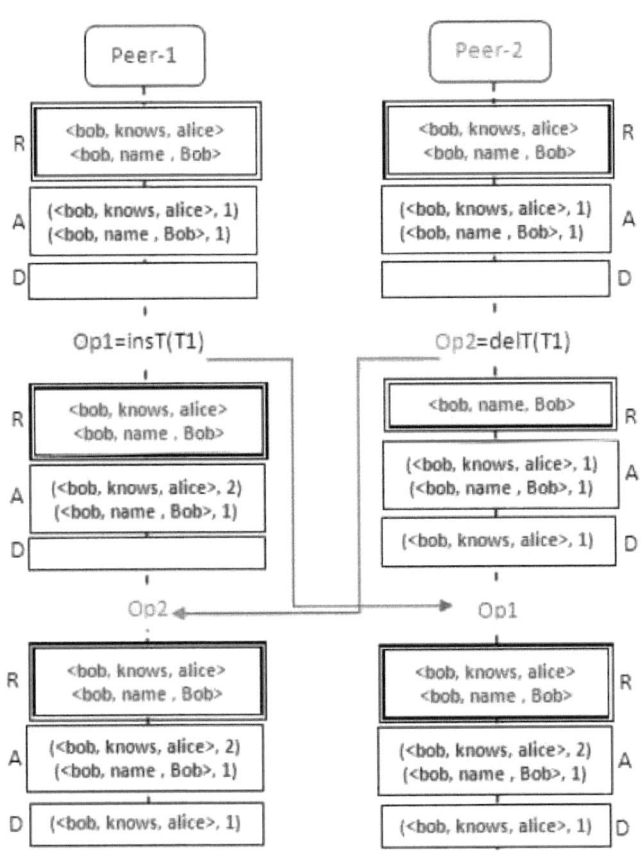

Figure 4.5: Etat de convergence après intégration des opérations concurrentes

Nous reprenons maintenant le même scénario de la figure 1.1 de la section 1.2 mais cette fois-ci, nous le déroulons selon la vision de notre approche. Quand l'opération de suppression Op4 est récupérée puis exécutée sur peer-2, la multiplicité du triplet T1 dans D est incrémentée à 2. Après l'intégration de l'opération d'insertion Op3 sur le peer-3, la multiplicité du triplet correspondant est incrémentée. La cohérence est donc assurée entre les deux RDF store résultants sur le peer-2 et peer-3. Nous constatons qu'après l'exécution des modifications concurrentes, peer-2 et peer-3 convergent et le dernier RDF store résultant est le même comme il est illustré dans la figure 4.6.

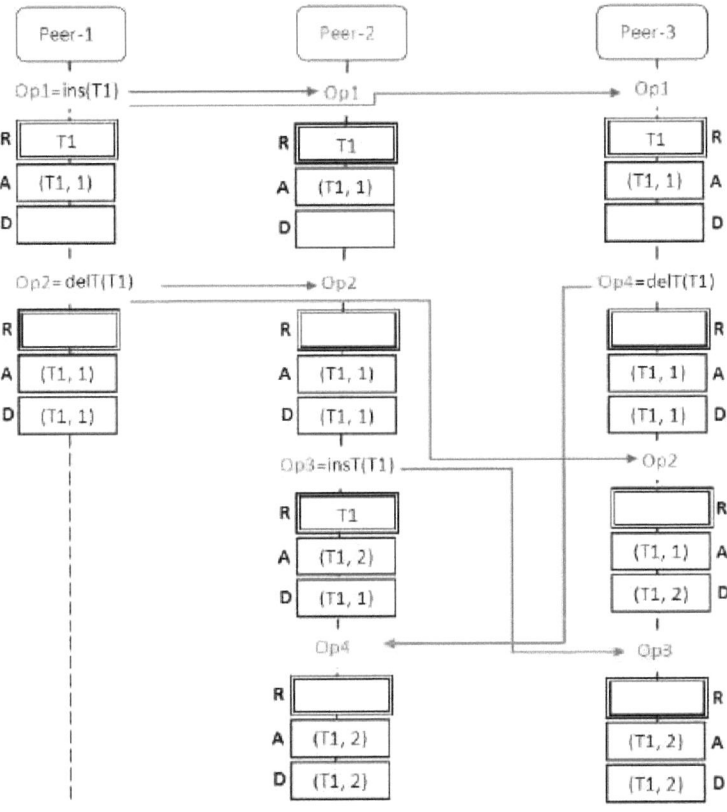

Figure 4.6: Convergence après utilisation de la méthode srCE

4.3 Algorithmes

Dans cette section, nous présentons les algorithmes utilisés lors de la réplication optimiste dans srCE. Ces algorithmes visent à assurer la correction du système, c'est-à-dire maintenir de la consistance durant le processus de réconciliation entre les pairs exécutant des opérations de façon concurrentielle, ainsi que la préservation des intentions des opérations ainsi générées.

Dans notre système d'édition collaborative, quand un utilisateur modifie une réplique locale de son store sémantique, le système génère une opération correspondante qui est immédiatement exécutée en locale puis propagée aux autres pairs. Après avoir été reçue par les autres pairs, l'opération est intégrée sur la réplique locale du store sémantique distant afin que les données insérées soient visibles par rapport aux données qui ont été déjà supprimées. De même, elle sera exécutée sur les autres pairs.

4.3.1 Algorithme d'exécution des opérations locales

La procédure **Execute(op),** illustrée dans la figure 4.7, fait l'hypothèse que chaque opération générée localement, arrive impérativement sur les autres pairs une foi elle est émise. En effet, la procédure **Execute(op)** est définie principalement pour permettre premièrement d'exécuter une opération donnée en locale, puis de diffuser l'opération ainsi exécutée aux autres pairs afin qu'elle s'exécute à distance. Cela assure l'exécution de type happens-before. **Execute(op)** prend comme un argument d'entrée une opération locale *op*. L'opération *op* est définie comme étant une variable dont la structure dispose de deux principaux composants ; le triplet à insérer ou à supprimer et le type de l'opération pour mener l'exécution. Du point de vue fonctionnelle, **Exécute(op)** utilise deux fonctions **Run** et **Broadcast**. La première exécute l'opération qui se génère localement en modifiant la réplique locale. La seconde diffuse les mises à jour aux autres pairs du réseau en vue de les réintégrer sur les répliques distantes.

```
1: procedure EXECUTE(op)      ▷ op is a local operation
2:     Run(op)
3:     Broadcast(op)
4: end procedure
```

Figure 4.7: Procédure d'exécution d'une opération locale

4.3.2 Algorithme de récupération des opérations distantes

L'envoi d'une opération quelconque lors de l'exécution se fait via un mécanisme de diffusion qui assure la livraison de l'opération passée en paramètre à tous les pairs. ***Brodcast(op)*** est une fonction de propagation qui prend une opération op en argument ayant pour but de diffuse suite à une exécution d'une opération locale les mises à jour à travers le réseau . En d'autres termes, elle garantit que toute opération locale soit diffusée et exécutée avec succès sur tous les autres paires du réseau. Quand une opération distante est reçue par un pair, elle déclenche automatiquement la fonction ***Receive(Op)*** pour permettre l'exécution de l'opération ainsi livrée par ***Brodcast(op)*** dans le pair distant. La procédure ***Receive(op)*** listée dans la figuré 4.8 prend en argument d'entrée l'opération op et invoque la procédure ***Run(op)***. Elle est donc responsable de récupérer les mises à jour émises et de les exécuter par la suite sur le pair distant.

1: **procedure** RECEIVE(op) ▷ op is a remote operation
2:     Run(op)
3: **end procedure**

Figure 4.8: Procédure de récupération d'une opération distante.

4.3.3 Algorithme d'exécution des opérations locales et distantes

La fonction ***Run,*** présentée dans la figure 4.9, est l'endroit où toutes les opérations émises ou reçues sont exécutées selon leur type. Lors du lancement de l'exécution d'une opération par la fonction ***Run(op)***, l'algorithme teste si elle est de type insertion. Si c'est le cas, la fonction d'insertion sera invoquée, sinon elle est de type suppression et la fonction de suppression sera invoquée. Lors du traitement d'une opération, deux types d'appel aux fonctions ont lieu, un appel d'insertion ou un appel de suppression de triplet. La procédure **Run** s'exécute tant qu'il y a des opérations exécutable en locale ou à distance.

```
1: procedure RUN(op)
2:     if op.type =Insert then
3:         InsertTriple(op.triple)
4:     else if op.type =Delete then
5:         DeleteTiple(op.triple)
6:     end if
7: end procedure
```

Figure 4.9: Procédure d'exécution des opérations locales et distantes.

4.3.4 Algorithme d'insertion d'un triplet

Lors de l'exécution de l'opération d'insertion, la procédure *InsertTriple(triple)* teste initialement si le triplet t existe déjà dans le RDF store d'insertion A avant de l'ajouter, (voir figure 4.10). Si c'est le cas, elle incrémente uniquement sa multiplicité de un dans A. Sinon elle insère le triplet dans A avec une multiplicité égale à un. Enfin, le RDF store résultant est calculé automatiquement après chaque intégration d'opération locale ou distante. Le calcul du RDF résultant est réalisé par la méthode *ConstructResultingRDF(triple).*

```
1: procedure INSERTTRIPLE(triple)        ▷ A is a local
   added RDF store
2:    if triple ∈A then
3:        triple.multiplicity ← triple.multiplicity+1;
4:        A.setTriple(triple)
5:    else
6:        insT(triple)
7:    end if
8:    ConstructResultingRDF(triple)
9: end procedure
```

Figure 4.10: Procédure d'insertion d'un nouveau triplet.

4.3.5 Algorithme de suppression d'un triplet

Durant l'exécution de l'opération de suppression la procédure **DeleteTriple(triple)** est appelée. **DeleteTriple(triple)** a le même comportement que la procédure **InsertTriple(triple()** décrite précédemment) sauf qu'il y a au lieu le RDF store d'insertion A, le RDF store de suppression D. L'algorithme **DeleteTriple(triple)** test d'abord la présence du triplet que l'on souhaite supprimer, puis selon la valeur du test retournée, la multiplicité du triplet est incrémentée à un ou il est totalement inséré dans D avec une multiplicité égale à un. Enfin de cet algorithme, la fonction **ConstructResultingRDF(triple)** est appelée afin de reconstruire le RDF store résultant avec les nouvelles mises à jour, (voir figure 4.11).

```
1: procedure DELETETRIPLE(triple)    ▷ D is a local
   deleted RDF store
2:     if triple ∈D then
3:         triple.multiplicity ← triple.multiplicity+1;
4:         D.setTriple(triple)
5:     else
6:         insT(triple)
7:     end if
8:     ConstructResultingRDF(triple)
9: end procedure
```

Figure 4.11: Procédure de suppression d'un triplet.

4.3.6 Algorithme du calcul de l'ensemble résultant

Afin d'assurer la convergence des répliques de type stores sémantiques sur le réseau, la fonction **ConstructResulting(triple)** produit des RDF stores résultants (R) identiques sur tous les pairs ayant exécutés les mêmes séquences des opérations même si l'ordre de réception des opérations est différent de l'ordre de génération. Cette fonction retourne une variable de type Set qui contient un ensemble cohérent de triplets obtenus après l'intégration des opérations de modifications concurrentes dans les différents pairs. Cette méthode se répète tant qu'il y a des triplets dans A.

L'algorithme **ConstructResultingRDF()** recalcule à chaque fois l'état de son RDF store résultant en fonction des états des triplets dans RDF stores d'insertion et de suppression. Pour cela, l'algorithme se retrouve à résoudre des problèmes de plus en plus difficiles pour l'édition collaboratives des stores sémantiques à travers un réseau distribué en proposant une solution de plus en plus simple, (voir figure 4.11).

```
1: function CONSTRUCTRESULTINGRDF(triple)
2:     R ← nil                              ▷ R is empty
3:     for each triple of A do
4:         if    A.getTripleMultiplicity(triple) >
   D.getTripleMultiplicity(triple) then
5:             insT(triple, R)
6:         end if
7:     end for
       return R
8: end function
```

Figure 4.11: Fonction de construction du store résultant

La méthode **getTripleMultiplicity(t)** réservée à A et à D retourne la multiplicité du triplet t qui correspond au nombre de fois le triplet figure dans A ou dans D. Si t n'existe pas dans le store **getTripleMultiplicity(t)** correspondant, retourne la valeur 0.

4.5 Correction du modèle srCE

Dans cette section, nous allons monter que l'approche proposée srCE assure la convergence, préserve la causalité et l'intention. Ce sont les trois critères du modèle de cohérence CCI que tout système d'édition collaborative correcte doive les vérifier.

Puisque la philosophie du CRDT suppose que tout pair d'opérations concurrentes commute, les lemmes suivants démontrent que toutes les opérations de notre modèle commutent et, par conséquent, notre type de données est un CRDT et la convergence est également assurée.

Lemme1: *Les opérations d'insertion de triplets commutent. Pour tout RDF résultant R, tout RDF store d'insertion A, tout RDF store de suppression B, tous* triplets t1 et t2 : insT(t1)≫insT(2)≡ insT(t2)≫insT(t1), où ≫ dénote la précédence.

Nous définissons la fonction de précédence par ≫, par exemple, Op1≫Op2, cela signifie que Op1 s'exécute avant Op2.

Preuve :

insT(t1)≫insT(t2):

   insT(t1)≫insT(t2)⇒(A0∪{t1})∪t2= A1

   Donc , R1 = A1 − D0

insT(t2)≫insT(t1):

   insT(t2) ≫ insT(t1)⇒(A0 ∪ t2) ∪ t1 = A2

   Donc, R2 = A2 − D0

Nous avons A1 = A2 puisque l'union est commutative, alors R1 = R2 et le RDF store résultant comporte exactement le même ensemble de triplets. Par conséquent l'exécution des opérations d'insertion insT(t1) et insT(t2) commute.

Lemme2: Les opérations de suppression de triplets commutent. Pour tout RDF résultant R, tout RDF store d'insertion A, tout RDF store de suppression B, tous triplets t1 et t2 : del(t1)≫delT(2)≡ delT(t2)≫delT(t1).

Preuve :

delT(t1)≫delT(t2):

   delT(t1)≫ delT(t2)⇒(D0 ∪ t1) ∪ t2 = D1

   Donc, R1 = A0 − D1

delT(t2)≫delT(t1):

$$delT(t2) \gg delT(t1) \Rightarrow (D0 \cup t2) \cup t1 = D2$$

Donc, $R2 = A0 - D2$

Nous avons $D1 = D2$ vu que l'union est commutative, alors $R1 = R2$ après l'exécution des deux opérations de suppression. Le RDF store de suppression, D, contient exactement les mêmes triplets. En outre, le RDF store résultant est le même dans les deux cas. Par conséquent, l'exécution des opérations de suppression delT(t1) et delT(t2) commute.

Lemme3 : *Les opérations de suppression de triplets commutent. Pour tout RDF résultant R, tout RDF store d'insertion A, tout RDF store de suppression B, tous triplets t1 et t2 : insT(t1)≫delT(2)≡ delT(t2)≫insT(t1.,*

Preuve :

insT(t1)≫delT(t2):

$$insT(t1) = A0 \cup t1 = A1$$

$$delT(t2) = D0 \cup t2 = D1$$

Donc, $R1 = A1 - D1$

delT(t2)≫insT(t1):

$$delT(t2) = D0 \cup t2 = D2$$

$$insT(t1) = A0 \cup t1 = A2$$

donc, $R2 = A2 - D2$

Nous avons $A1 = A2$ et $D1 = D2$, alors $R1 = R2$. Les deux RDF stores résultants sont donc identiques. Par conséquent, l'exécution des opérations d'insertion et de suppression insT(t1) et delT(t2) commute

Théorème 1: *srCE est un CRDT.*

Preuve: D'après les lemmes 1, 2, et 3, tous les couples des opérations commutent.

Théorème 2: *srCE assure la convergence.*

Preuve : Puisque toutes les opérations commutent et srCE est un CRDT, donc selon [PRE 09] srCE garantit la convergence.

Le respect du critère de causalité suppose que pour les opérations pour lesquelles il existe une fonction de causalité, celles-ci seront intégrées dans le même ordre sur toutes les copies des stores sémantiques de tous les pairs.

Le fait d'assurer les fonctions de causalité entre les opérations générées et de respecter les effets des opérations ne suffit pas pour assurer la convergence des copies.

Dans le but d'assure la causalité, plusieurs solutions ont été proposées telles que [KAW 05] [KSH 98]. Un algorithme de causalité à grand échelle [LLO 11] qui s'appuie sur la vérification de la cohérence causale par le suivi et la vérification avant l'exécution de toute opération sur chaque site, ou un mécanisme de diffusion causale probabiliste [EUG 03] couplé a une barrière causale [PRA 97] peuvent être utilisés pour garantir la propriété de diffusion et exécution causales. En d'autres termes, l'utilisation de n'importe quelle méthode de propagation et récupération causales suffit afin de respecter la propriété de causalité pour notre approche. Cependant, srCE a une caractéristique très intéressante qui assure la cohérence sans aucune exigence de livraison ou de réception causale des opérations puisque tout pair d'opérations commute du fait que l'ordre d'exécution des opérations n'est pas une condition nécessaire afin d'assurer la convergence des répliques sur tous les pairs.

Les lemmes et le théorème suivants démontrent que l'intention des opérations d'insertion et de suppression sont préservées.

Lemme 4: *srCE préserve l'intention de l'insertion.*

Preuve : L'idée principale que nous avons introduite dans la structure du modèle srCE est l'usage du principe de la multiplicité qui a été associé à chaque triplet dans A ou D. L'utilisation du nouveau concept de RDF store d'insertion A, qui a été défini comme un multi-set, permet à l'effet de chaque opération d'être observé dans le RDF store résultant par le compteur de la multiplicité. Par conséquent, l'intention de l'opération d'insertion est préservée.

Lemme 5: *srCE préserve l'intention de la suppression.*

Preuve : De la même façon, l'introduction du concept de RDF store de suppression D, défini comme un deuxième multi-set, permet d'observer l'effet de chaque opération de suppression généré sur l'ensemble des pairs du réseau. Cela dû au fait que le compteur associé est incrémenté par un à chaque opération de suppression. Par conséquent, l'intention de l'opération de suppression est préservée.

Théorème 3: *srCE respecte l'intention.*

Preuve : D'après les lemmes 4 et 5, srCE préserve l'intention.

4.6 Conclusion

Dans ce chapitre, nous avons proposé une approche originale d'édition collaborative des stores sémantiques fonctionnant sur un réseau P2P. Nous avons défini le modèle de données sous forme d'un CRDT non seulement pour garantir la convergence des répliques mais aussi pour assurer la causalité et préserver l'intention des opérations, donc de vérifier à la fois les trois critères du modèle de cohérence CCI. Pour ce faire, nous avons conçu notre solution autours d'un ensemble et deux multi-sets supplémentaires. Les deux multi-sets servent à recevoir et à exécuter les opérations concurrentielles de l'édition collaborative selon leur type. Tandis que l'ensemble principal via un mécanisme de réconciliation, il contient les triplets convergents. Toute opération dans le modèle proposé s'exécute en local puis à distance sur les répliques des autres pairs.

Chapitre VI : Expérimentation

5.1 Introduction

Nous avons présenté au cours de ce manuscrit un état de l'art relatif aux espaces collaboratifs sur les nouvelles orientations de la technique CRDT, ainsi qu'une proposition d'un modèle de réconciliation pour résoudre des problèmes d'édition collaboratives des stores sémantique au sein d'organisation virtuelle selon les concepts et les mécanismes d'un nouveau type de données ayant un structure d'ensembles. Nous avons mis en place un environnement prototype mettant en œuvre cette approche. L'expérimentation que nous présentons dans ce chapitre a un double objectif. L'objectif principal est d'évaluer l'impact de l'intégration du modèle, srCE, de l'édition collaborative des stores partagés à SPARQL/UPDATE sur le passage à l'échelle. Il s'agit également d'évaluer l'similarité des stores exécutant des opérations concurrentes lors d'une session collaborative.

Nous décrivons tout d'abord la méthodologie où nous présentons de manière détaillée dans un premier temps le prototype développé. Ensuite, nous définissons les différentes phases de l'expérimentation. Enfin, nous terminons ce chapitre par la présentation et l'analyse des résultats de l'expérimentation que nous avons menée afin de valider notre solution.

5.2 Méthodologie

Dans cette section, nous décrivons le prototype srCE avec ses principes de bases ainsi que les différentes étapes de notre expérimentation autour de l'édition collaborative de datasets de type FOAF.

5.2.1 Description du prototype

Dans ce qui suit, nous décrivons un prototype de l'éditeur collaboratif srCE qui a permis de faire une approche expérimentale du problème de la réconciliation lors de l'édition concurrentielle des stores sémantiques distribués en implémentant les méthodes mener dans ce mécanisme.

Un prototype de l'approche srCE a été conçu et implémenté en Java comme une extension de SPARQL/UPDATE (L'acronyme qui signifie SPARQL Protocol and RDF Query Language /UPDATE) [SPA 12]. L'actuelle recommandation proposée par le consortium W3C (World Wide Web Consortium) en tant qu'un langage d'interrogation et de mise à jour pour le Web sémantique s'appuyant sur des représentations de ressources RDF. Le langage SPARQL/UPDATE permet non seulement l'interrogation d'un store RDF grâce à sa clause (Select) mais également l'édition d'un graphe à partir d'un ensemble de triplets grâce à ses clauses (INSERT & DELETE). Il réutilise la syntaxe du langage de requêtes SPARQL (dont la syntaxe est proche à celle de SQL) pour les données RDF et supporte les opérations de modification des informations représentées par des graphes RDF.

En particulier, nous utilisons le module ARQ de l'open source de la Framework JENA [JEN 12] qui implémente le langage SPARQL/UPDATE suivant les standards W3C pour la manipulation des données. Il fournit un environnement de programmation pour RDF, RDFS, et OWL, SPARQL et comprend un moteur d'inférence à base de règles [YAO 11].

La Framework JENA est utilisée pour développer des applications Web en se basant sur la notion du modèle afin de traiter l'ensemble de triplets qui peuvent être créés à partir des fichiers locaux ou distants. Dans le mécanisme ARQ, le contenu RDF créé et généré par les opérations de mise à jour peut être stocké dans la mémoire sous un format de type Turtle (Terse RDF Triple Language). Ce format de représentation de données RDF est considéré comme un ensemble contenant tous les triplets ajoutés ou supprimés par les utilisateurs lors de l'édition.

Il est à noter que les versions actuelles de SPARQL/UPDATE ne prennent pas en compte l'aspect de l'édition collaborative des triplets vue qu'elles sont dépourvues d'un mécanisme qui gère l'exécution des opérations concurrentes afin d'éviter les situations conflictuelles. De ce fait, notre approche srCE vise à permettre à SPARQL/UPDATE non seulement de supporter l'édition collaborative mais aussi de passer à l'échelle sans aucune contrainte liée ni à la taille des répliques ni au nombre d'utilisateur sur le réseau.

La fonctionnalité principale de la stratégie srCE est de maintenir la cohérence entre n'importe quels deux RDF stores étant distribués dans l'espace et dans le temps, et effectuant des séquences d'opérations concurrentes, de telle sorte que chaque triplet modifié dans le premier RDF store sera également modifié dans le second. Pour maintenir cette convergence, nous nous appuyons sur les concepts suivants :

En plus du fichier principal qui contient le résultat issu à la réconciliation à tout moment, il y a deux autres fichiers auxiliaires. Le premier correspond à l'ensemble des triples ayant été insérés et le second correspond à l'ensemble des triples ayant été supprimés. Nous utilisons une variable entière qui est associée à chaque triplet, ceci sert à compter le nombre d'occurrences de chaque triplet. En d'autres termes, la variable entière est couplée à un triplet pour former une structure de multi-set. De façon générale, nous pouvons dire que le fichier principal correspond au store sémantique résultant (R) alors que les deux autres fichiers secondaires correspondent respectivement aux stores d'insertion (A) et de suppression (D).

Dans le but d'assurer la convergence des répliques, chaque opération locale ou distante est initialement exécutée sur l'un des fichiers auxiliaires (selon le type de l'opération générée). Ensuite, le fichier principal qui est visible par l'utilisateur, est construit depuis ces derniers fichiers en fonction de la méthode définie dans la section 4.2.1. Le contenu du fichier principal est donc mis à jour automatiquement après chaque exécution de n'importe quelle opération.

5.2.2 Set-up de l'expérimentation

Afin de faciliter l'évaluation de notre approche srCE, nous avons utilisé une data-set provenant de FOAF (acronyme de **F**riend **O**f **A** **F**riend) pour l'édition collaborative. Cela va permettre de décrire de façon si efficace et performante un réseau social au sein d'une communauté virtuelle.

Le projet FOAF (http://www.foafproject.org/) est projet collaboratif basé sur l'utilisation RDF afin de créer un réseau de documents Web lisibles et compréhensibles par les machines. Les documents accessibles en ligne décrivent des personnes et les relations qu'ils entretiennent entre elles ainsi que leurs activités. Par certaines spécifications, c'est le premier projet d'envergure qui est construit à l'aide d'une technologie du Web sémantique et tente de généraliser ses notions caractéristiques, en dehors de contextes professionnels bien définis.

Le principe en est simple : chaque individu est identifié par un document FOAF, qui peut être placé n'importe où sur la toile, et qui contient, dans des champs normés et en XML, des informations le décrivant. Les champs d'un document FOAF peuvent être le nom, l'adresse email, l'adresse du site Web et/ou du blog, les adresses des photos, les études suivies, les centres d'intérêts, les amis – et bien d'autres choses, selon les spécifications actuelles. FOAF permet par essence de lier les personnes, et leurs attributs ou caractéristiques, entre elles, comme si tout était décrit dans une base de données unique.

La dernière version de FOAF établit une liste de plusieurs dizaines de champs possibles, répartis en cinq grandes catégories : les données de base (nom, prénom, etc.), les informations personnelles (centres d'intérêts, connaissances…), les comptes en lignes (email, messageries instantanées…), les documents et images (textes produits par la personne, photos personnelles…), et enfin les groupes et projets. Une nouvelle catégorie peut être déduite contenant un mélange de champs des cinq catégories. Cette nouvelle catégorie est particulièrement intéressante : elle permet le rattachement d'un individu à une identité bien complète qui pourrait s'intégrer et s'adapter facilement à n'importe quel domaine. Les champs FOAF sont conçus pour exprimer de façon détaillée les caractéristiques d'une personne et ses relations, au sens large du terme, avec d'autres entités sur le Web, qu'il s'agisse de documents, d'images, ou d'autres personnes.

Dans notre contexte, la création et l'édition de FOAF nécessite que la séquence d'opérations soit exécutée simultanément. Chaque personne est décrite par un nom, une adresse e-mail indiquée sous forme de mbox et les personnes qu'elle connaît. Ainsi, il y a trois éléments, pour décrire toute personne, qui sont: name, mbox et knows.

Le listing ci-dessous illustre un exemple d'un profil FOAF écrit au format Turtle, il montre que Bob est le nom de la personne bob, son adresse e-mail est bob@exemple.net et il connait alice qui est un nom d'une autre personne.

```
1  @prefix :
2         <http://people.example.com/>.
3  @prefix foaf:
4         <http://xmlns.com/foaf/0.1/>.
5  :bob
6    foaf:knows :alice;
7    foaf:mbox <mailto:bob@example.net>;
8    foaf:name "Bob"
```

Figure 5.1: Profil FOAF écrit au format *Turtle*

Le modèle *Turtle* du listing de la figure 5.1 peut s'écrire également dans une notation *triple* comme il est illustré dans la figure suivante:

```
1  <http://people.example.com/bob>
2    <http://xmlns.com/foaf/0.1/knows>
3    <http://people.example.com/alice>.
4  <http://people.example.com/bob>
5    <http://xmlns.com/foaf/0.1/mbox>
6    <mailto:bob@example.net> .
7  <http://people.example.com/bob>
8    <http://xmlns.com/foaf/0.1/name>
9    "Bob"
```

Figure 5.2 : Profile FOAF écrit en notation *Triple*

Les expérimentations ont été menées dans deux directions pour valider notre approche :

Dans la première direction, nous avons évalué le passage à l'échelle ainsi que l'efficacité de notre technique en examinant la taille des fichiers générés lors d'une session d'édition collaborative. Au départ, nous générons de façon automatique un ensemble d'opérations de mises à jour permettant la simulation de l'édition des stores sémantiques. L'ensemble d'opérations compte plus de 360.000 requêtes d'insertion et de suppression de triplets. Par la suite, nous exécutons ces opérations et nous évaluons la taille des stores générés avec ou sans l'intégration de srCE. Dans le cas de fonctionnement sans le modèle srCE, nous avons utilisé directement la stratégie d'exécution par défaut de l'extension ARQ en dehors de toute modification, i.e. le problème de l'inconsistance des répliques dû à la difficulté inhérente aux modifications concurrentes est ignoré et l'aspect de réconciliation n'est pas pris en considération. En utilisant les mêmes révisions, toutes les opérations de modification sont initialement exécutées à l'aide de notre modèle puis ré-exécuté au travers de SPARQL/Update. Enfin, nous avons examiné et analysé les différentes informations obtenues depuis les propriétés des fichiers ainsi générés durant le cycle d'exécution.

Dans la seconde direction, nous avons évalué l'efficacité de notre technique en examinant la similarité entre deux différentes répliques intégrant simultanément une série d'opérations concurrentes. Afin de comparer notre approche, nous mesurons la similarité pour les C-Set [ASL 11], la partie sémantique de SWOOKI [SKA 09], SPRAQL / UPDATE [SPA 12], et notre solution srCE. La similarité entre deux répliques A et B ayant une structure d'ensemble est calculée par le biais de la fonction suivante [ZAR 13c]:

$$f(A,B) = \begin{cases} \frac{f(A \cap B)}{f(A \cup B)} \times 100, f(A \cup B) \neq 0 \\ 100\%, f(A \cup B) = 0 \end{cases} \quad (1)$$

Où $f(A \cup B)$ est une fonction qui retourne la cardinalité de l'union de A et B alors que $f(A \cap B)$ retourne le cardinalité de l'intersection de A et B. Nous définissons la cardinalité d'un ensemble X, noté f(X), comme la longueur de cet ensemble, autrement dit il s'agit du nombre des triplets de l'ensemble X. En particulier, la cardinalité de l'ensemble vide est égale à zéro. Dans le but de mettre en évidence cette fonction, nous considérons deux ensembles de triplets :

A ={ (alice, knows, bob), (bob, knows, cameron) } et B = { (alice, knows, bob)}.

La similarité entre ces deux ensembles est égale à 50%, parce que $f(A \cap B)$=1 et $f(A \cup B)$=2.

5.3 Résultats

Afin d'évaluer le passage à l'échelle du RDF store résultant R par rapport aux deux stores secondaires d'insertion et de suppression A et D, le système implémenté à l'aide de Java est exécuté afin de générer les fichiers des datasets pour les stores. La procédure de génération se fait par l'exécution d'un nombre important d'opérations de mise à jour atteignant plus 360 000 révisions. L'expérimentation est conduite au sein d'une session d'édition collaborative des triplets FOAF. Les tailles des stores sémantiques d'insertion et de suppression augmentent au fur et à mesure de l'exécution des opérations d'édition. Les résultats de telle expérimentation sont illustrés dans la figure 5.3. L'axe des abscisses représente le nombre des opérations exécutées sur les stores tandis que l'axe des ordonnées représente la taille des fichiers A, D et R, exprimées en octets.

Nous observons que la taille de R augmente lorsque les tailles de A et B augmentent. Dans le cas du store D, l'augmentation est faible surtout dans les premières 100.000 opérations. Suite à l'exécution d'un nombre important d'opérations de suppression des triplets, la taille de D commence à augmenter tandis que la taille de R diminue et celle de A augmente continuellement. Lorsque A et D se rapprochent, R atteint son minimum. Une fois que A et D divergent, R croît de nouveau. L'augmentation de la taille de A et D est fortement liée à l'existence de triplets ayant déjà été insérés ou supprimés, ce qui signifie que si le triplet existe déjà dans l'un des stores, l'augmentation de la taille sera presque marginale du fait que le changement ne se réalise, dans ce cas-là, qu'au niveau des compteurs associés aux triplets. Par conséquent, nous pouvons dire que R augmente proportionnellement avec la divergence de A et D.

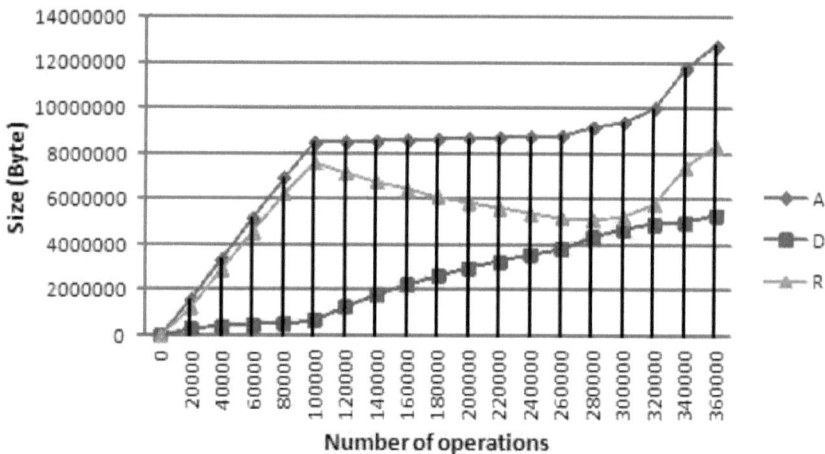

Figure 5.3: Relation entre les stores R, A et D

Afin de mieux analyser la relation entre le store résultant et les stores d'insertion et de suppression, ainsi que de montrer les effets de A et D sur R, une autre expérience est conduite en mesurant la taille relative S qui correspond à la taille de triplets FOAF obtenue par la division de la taille de l'ensemble des triplets visibles sur la somme des tailles des multi-sets réservés aux triplets insérés et supprimées. Ceci est exprimé par l'équation suivante :

$$S = \frac{|R|}{|A|+|D|} \qquad (2)$$

Tels que $|R|$, $|A|$ et $|D|$ sont les tailles des triplets contenus respectivement dans les stores résultant, d'insertion et de suppression. De la même manière, un grand nombre d'opérations est exécuté de plus en plus pour atteindre 360 000 opérations de mise à jour. Les résultats de ces expériences sont présentés dans la figure 5.4 où l'axe des ordonnés montre les valeurs de la taille relative S. Pendant tout le cycle de vie du store sémantique, la taille des triplets visibles reste toujours inférieure à la somme des tailles des fichiers secondaires. Les triplets qui sont visibles, représentent l'état de cohérence que le système devra respecter. En d'autres termes, ils sont identiques sur tous les pairs de la communauté virtuelle. Nous remarquons que dans l'intervalle 20.000 et 70.000, le pourcentage atteint son maximum en raison de la réduction de D et la maximisation de A. Par la suite, la taille de R est réduite par rapport à A et à D. Ainsi, plus le nombre d'opérations est élevé, plus la taille relative est diminuée ce qui signifie un excellent passage à l'échelle par rapport aux nombre d'opérations.

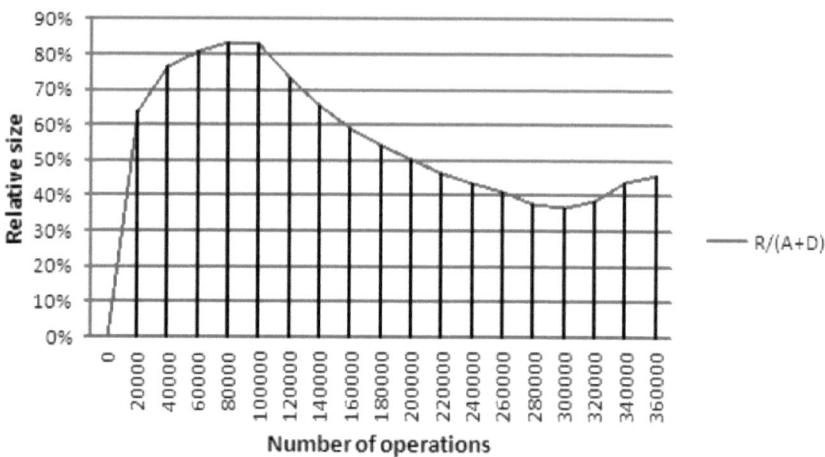

Figure 5.4: Taille relative des RDF stores

Dans le but d'évaluer l'efficacité de la méthode proposée par rapport à la version existante de SPARQL /UPDATE, nous avons mené une expérimentation comparative où nous appliquons un nombre important d'opérations de mise à jour sur une dataset FOAF. Dans un premier temps, nous utilisons SPARQL/UPDATE sans lui attribuer aucune modification au niveau de son comportement de traitement des requêtes, puis nous utilisons SPARQL/UPDATE couplé à l'approche proposée srCE. Dans ce dernier cas le problème de l'édition concurrentielle est pris en compte. Nous mesurons dans les expérimentations, la taille du store sémantique résultant visible, ainsi que la taille des datasets de FOAF générées.

Les résultats sont illustrés dans la figure 5.5. Durant la session d'édition, la taille des triplets du store contenant les données cohérentes, générées par SPARQL /UPADTE avec l'extension srCE, reste inférieure à celle générée par SPARQL/UPDATE traditionnel. Ce dernier nécessite un espace de mémoire considérable afin de permettre de sauvegarder et manipuler ses triplets, et donne des résultats divergents et incohérents.

Chapitre 5 : Expérimentation

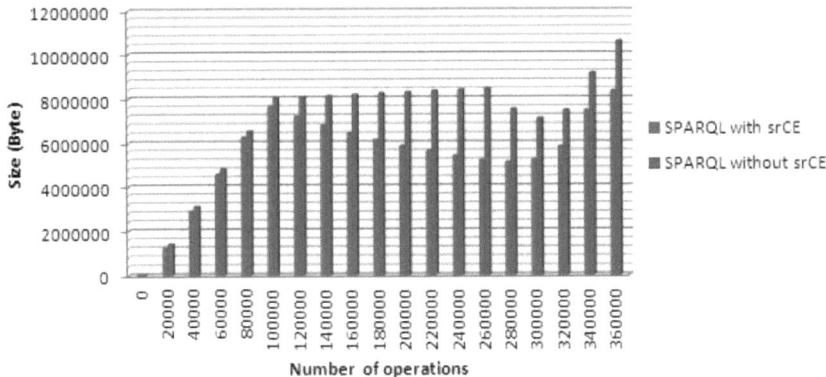

Figure 5.5: Tailles des RDF stores résultants avec et sans l'intégration du modèle srCE

En outre, une analyse différente est dérivée des données comparatives obtenues depuis l'expérimentation précédente en générant la relation entre les deux approches. Cette relation est définie comme le rapport entre les tailles des triplets générés par SPARQL/UPDATE intégrant srCE et SPARQL/UPDATE en dehors de srCE. Les résultats sont présentés dans la figure 5.6. Comparé aux opérations de mise à jour exécutées dans les deux versions de SPARQL/UPDATE; classiques et basée srCE, les résultats de la figure 5.6 montre bien les limites de l'approche basée uniquement sur SPARQL/UPDATE, et ils prouvent ainsi que l'historique de la taille montre également la performance de notre approche. En effet, srCE est plus efficace lorsque plusieurs opérations d'édition sont exécutées. Ainsi, elle a une bonne capacité à passer à l'échelle dans les systèmes P2P avec un grand nombre d'utilisateurs travaillant sur les mêmes stores partagés.

Chapitre 5 : Expérimentation

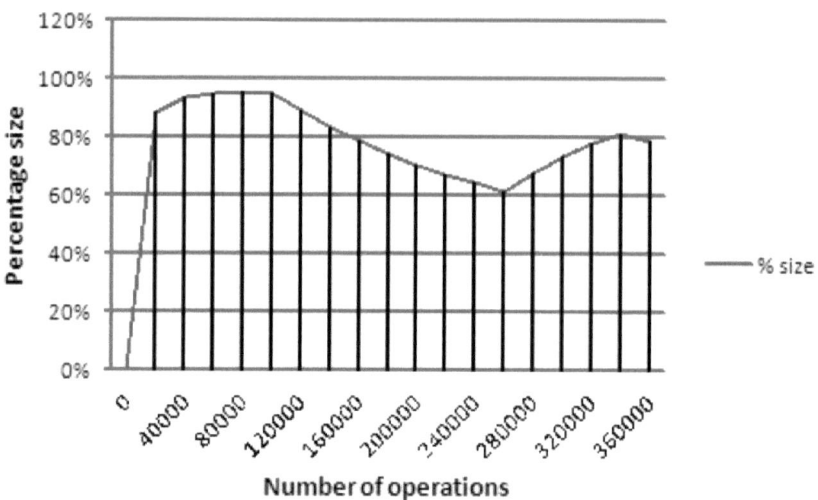

Figure 5.6: Pourcentage de la taille des triplets résultants obtenus par srCE divisé par les triplets résultants sans srCE

La méthode srCE permet de passer à l'échelle en termes du nombre d'opération et de répliques. La raison est que, ni le nombre des répliques, ni le nombre d'opérations ne sont reliés au mécanisme de la réconciliation du modèle srCE. Pour garantir la convergence, srCE ne requière aussi ni un ordre total sur l'ensemble des opérations exécutées, ni un processus de consensus. En plus de cela, l'anatomie de srCE est complètement indépendante du nombre de pairs ou des répliques. La seule condition pour garantir la cohérence dans le cas de notre solution srCE est donc d'assurer l'exécution du même ensemble d'opérations sur tous les pairs, l'ordre d'exécution des opérations au sein du système n'est pas important puisque toutes les opérations commutent sans aucun contrôle du faut qu'une opération de suppression peut être reçue et intégrée avant ou après une autre opération d'insertion.

Afin de comparer notre approche, nous avons choisi d'utiliser deux stores sémantiques provenant de deux utilisateurs différents exécutant des opérations concurrentes. Dans notre cas, nous nous concentrons uniquement sur le calcul de la similarité qui correspond au pourcentage de l'identification de la ressemblance des triplets obtenus après chaque intégration d'une opération de modification.

La figure 5.7 illustre les résultats obtenus pour les approches srCE, C-Set [ASL 11], SWOOKI [SKA 09], et SPARQL/UPDATE [SPA 12] en s'appuyant sur le critère de la similarité entre deux stores effectuant des modifications de façon concurrentielle. Au début, les deux répliques sont identiques et la similarité est égale à 100% dans toutes les approches considérées. Ensuite, après l'exécution du premier patch des opérations concurrentes, la similarité de SPARQL/UPDATE et celle de SWOOKI diminuent linéairement jusqu'à un minimum puis, elles recommencent à augmenter au fur et à mesure des révisions. Quant à la similarité de srCE, elle reste constante à 100% tout au long de la session d'édition, tandis que la similarité de C-Set diminue continuellement. Enfin, comparé à C-Set, SWOOKI, et SPARQL / UPDATE srCE assure une meilleure similarité dans tous les cas possibles en maintenant une forte convergence des deux stores sémantiques. Nous pouvons dire donc que, l'approche la plus efficace est celle de srCE.

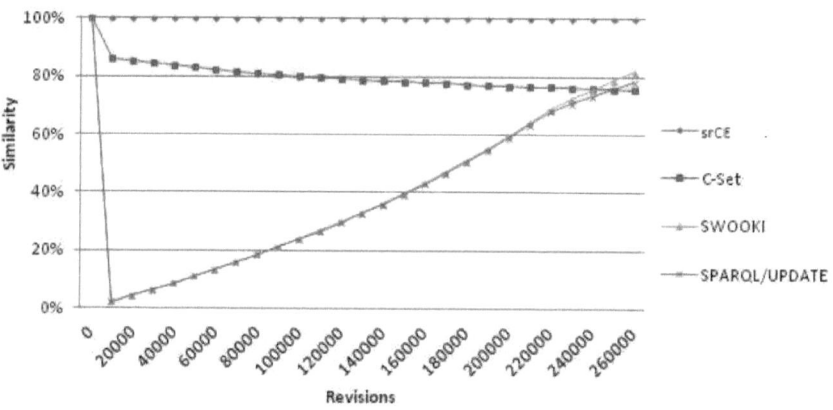

Figure 5.7: Similarité entre deux stores sémantiques exécutant des opérations concurrentes

La figure 5.8 illustre les résultats obtenus concernant la similarité relative des trois approches C-Set, SWOOKI et srCE. La similarité relative est la similarité de chaque approche divisée sur la similarité de SPARQL/UPDATE classique en dehors toute modification. Ces résultats montrent clairement que l'approche srCE donne des résultats proches de l'optimal. En effet, nous constatons que la méthode srCE est la plus efficace en termes d'amélioration de convergence comparée à SPARQL/UPDATE. Par conséquent, la similarité de srCE est supérieure à celle de SPARQL/UPDATE basique alors que la similarité relative de C-SET reste inférieure et celle de SWOOKI a une faible amélioration. En conséquence, srCE est l'approche la plus adaptée pour telle édition des stores sémantiques puisque elle préserve une meilleure convergence lors de l'exécution des opérations concurrentes au sein d'une communauté virtuelle.

Chapitre 5 : Expérimentation

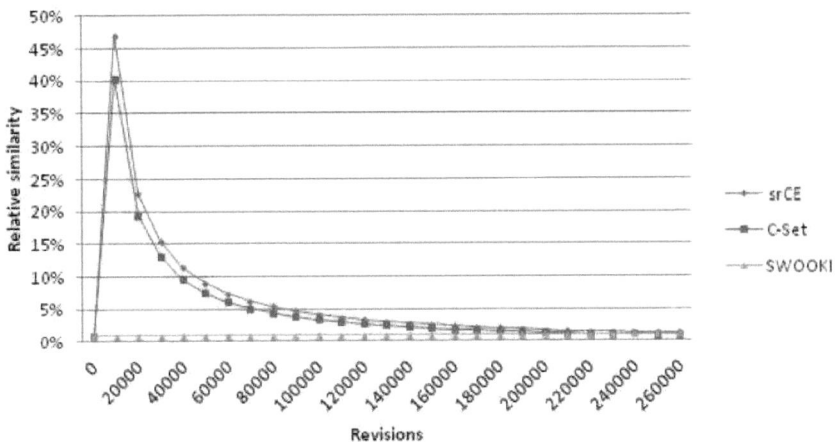

Figure 5.8: Similarités Relatives

5.4 Conclusion

Afin de valider notre proposition, nous avons implémenté srCE en Java comme une extension de SPARL/UPDATE intégrant de nouveaux concepts pour assurer l'édition collaborative des stores sémantiques distribués. Nous avons également implémenté les approches SWOOKI et C-Set afin de comparer leurs résultats avec les résultats de notre solution srCE. Toutes ces approches ont été exécutées autour d'un scénario d'édition collaborative des datasets FOAF qui permet de décrire des personnes et les relations entre elles, sous une forme exploitable par différentes méthodes. Les performances de srCE ont été évaluées selon les paramètres suivants : la taille des stores résultants par rapport à celle des stores auxiliaires utilisés pour le traitement des requêtes d'insertion et de suppression, l'influence de la taille sur le passage à l'échelle et la similarité des stores partagés et exécutant des opérations des mises à jour concurrentes.

Les résultats obtenus sont satisfaisants et montrent un bon passage à l'échelle de srCE. Ils montent que le store résultant diminue en fonction de la divergence des stores d'insertion et de suppression. Les résultats montrent également que srCE surpasse la version existante de SPARQL/UPDATE en termes d'optimisations des tailles des triplets générés lorsqu'on exécute un nombre important de révisions sur le même store sémantique. En outre, les résultats montrent que les performances de srCE sont très bonnes en termes de similarité durant toute la session collaborative. Toutefois, les résultats montrent que, contrairement aux approches existantes, srCE fonctionne correctement et génère des stores convergents, même dans les situations conflictuelles. En conclusion, les résultats de notre évaluation de performances montrent que notre solution srCE dans son mécanisme de réconciliation ne dépend ni de l'ordre total d'exécution des opérations, ni du nombre des répliques ni du nombre d'opérations ce qui permet le passage à l'échelle.

Conclusion Générale & Perspectives

6.1 Conclusion

Le développement fulgurant des technologies de l'information, des réseaux et des moyens de communication est à l'origine d'une expansion formidable du Web 2.0 qui a donné naissance à une nouvelle génération des éditeurs appelés *Editeurs collaboratifs* passant de la centralisation à la décentralisation et de l'individu à la communauté. Un éditeur collaboratif permet l'édition en parallèle d'un document partagé par plusieurs participants distribués dans l'espace, le temps et au sein d'organisation virtuelle. La thématique de recherche développée dans ce travail de doctorat s'inscrivent dans le domaine du TCAO. Plus précisément, nous nous intéressons au développement d'un nouveau modèle de type CRDT pour résoudre le problème de divergence dans les éditeurs collaboratifs de stores sémantiques distribués sur une infrastructure P2P.

En conclusion, nous récapitulons les principales contributions et les principaux résultats auxquels nous sommes arrivés. Le manuscrit a été organisé en deux parties.

La première partie a été composée de deux chapitres qui décrivent l'état de l'art sur les thèmes de recherche abordés par ce manuscrit.

Le deuxième chapitre a introduit les espaces du travail collaboratif, nous avons tout d'abord défini les principaux termes et mots-clés qui font partie du travail collaboratif. Par la suite, nous avons procédé à une présenterons du concept de l'édition collaborative et les principales orientations et techniques utilisées pour traiter les problèmes de la réconciliation lors de l'édition concurrentielle des stores sémantiques sur une infrastructure P2P, et nous avons présentés en détail le modèle de cohérence CCI pour la réplication optimiste de données.

Conclusion générale & perspectives

Le chapitre 3 a dressé un état de l'art relatif aux principes fondamentaux des techniques utilisées pour assurer la cohérence et leurs apports au concept de l'édition collaborative. Nous avons commencé par aborder les principaux concepts de l'approche de réconciliation des transformées opérationnelles ainsi que ses limitations. Ensuite, nous avons présenté le passage vers la nouvelle classe CRTD d'algorithmes de réplication optimiste qui grandissent la cohérence des répliques en dehors de l'implication de contrôle complexe. Enfin, nous avons terminé ce chapitre par la présentation des approches les plus significatives retenues dans le contexte des environnements d'édition collaborative des stores sémantiques sur les réseaux P2P.

La deuxième partie a été composée de deux chapitres qui présentent les contributions apportées par nos travaux dans cet ouvrage.

Le chapitre 4 a présenté une approche originale visant à concevoir un nouveau modèle original orienté à la gestion de convergence dans la réplication optimiste lors d'édition collaborative des stores sémantiques sur un réseau P2P. L'idée principale du modèle proposé srCE est de développer un nouveau type de données commun et répliqué (CRDT) pour les entrepôts sémantiques ayant une structure des ensembles qui dépasse les limites des éditeurs centrés sur une architecture client/serveur à une architecture dynamique pair-à-pair, et cela afin de supporter la construction des connaissances da façon collaborative, le passage à l'échelle en termes d'utilisateurs et ressources, la dynamicité des pairs et d'assurer la disponibilité des triples-stores.

Le chapitre 5, a décrit la mise en œuvre et la validation de notre solution srCE. Nous avons commencé par implémenter srCE en Java comme une extension de SPARL/UPDATE intégrant de nouveaux concepts pour assurer l'édition collaborative des stores sémantiques distribués. Ensuite, Nous avons implémenté les approches SWOOKI et C-Set, et ce afin de comparer leurs résultats avec les résultats de notre solution srCE. Toutes ces approches ont été exécutées autour d'un scénario d'édition collaborative des datasets FOAF permettant de décrire des personnes et les relations entre elles, sous une forme exploitable par différentes méthodes. Enfin, nous avons évalué les performances de srCE selon les paramètres suivants : la taille des stores résultants par rapport à celle des stores auxiliaires utilisés pour le traitement des requêtes d'insertion et de suppression, l'influence de la taille sur le passage à l'échelle et la similarité des stores partagés et exécutant des opérations des mises à jour concurrentes.

6.2 Perspectives

A l'issue de ce manuscrit, plusieurs points s'avèrent intéressants à explorer et à développer. Nous avons plus particulièrement identifié quatre points qui nous paraissent particulièrement intéressants :

- Dans les environnements d'édition collaborative, le comportement d'annulation des éventuelles opérations est souhaitable puisqu'il permet d'annuler et corriger les erreurs qui peuvent être commises durant une session du travail collaboratif [SUN 00]. Ainsi, il serait intéressant d'intégrer la fonctionnalité d'annulation à notre solution

- Le modèle srCE peut être appliqué à une large gamme d'applications, notamment les wikis sémantiques tels que Semantic MediaWiki [KRE 07] afin de permettre aux utilisateurs de tirer profit des technologies du Web sémantique.

- Notre méthode peut être utilisée avec un certain nombre d'outils et de systèmes dans le but d'améliorer leurs capacités pour l'édition de contenu structuré dans un environnement distribué et collaboratif. Par exemple, DBpedia [BIZ 09] est un outil utilisé pour l'extraction de contenu structuré, il serait intéressant d'étendre DBpedia à une version permettant la construction de connaissances par l'édition collaborative du contenu provenant des pages wikis.

- L'intégration du modèle proposé srCE avec SPARQL/UPDATE peut donner lieu à une standardisation émergeante comme la nouvelle génération d'outils Web 2.0 qui couple les technologies du web sémantique.

Les travaux présentés dans ce manuscrit constituent un premier pas vers une approche transversale entre les environnements d'édition collaborative des stores sémantiques et l'infrastructure P2P. Nous espérons qu'ils ouvriront la voie à de nouveaux travaux à la croisée de ces deux domaines.

Références Bibliographiques

Références bibliographiques

[AHM 11] Ahmed-Nacer M., Ignat C.L., Oster G., Roh H.G., and Urso P., "Evaluating CRDTs for real time document editing", *ACM Symposium on Document Engineering*, pp.103–112, 2011.

[AND 04] Androutsellis-Theotokis S., and Spinellis D., "A survey of peer-to-peer content distribution technologies", ACM Computing Surveys, Vol.36(4), pp.335–371, 2004.

[ASL 11] Aslan K., Molli P., and Skaf-Molli H., "C-Set : a Commutative Replicated Data Type for Semantic Stores", *Proc. 8th Extended Semantic Web Conference, 2011*.

[BER 90] Berliner B., "CVS II : Parallelizing software development", In Proceedings of the USENIX Winter *1990* Technical Conference, Berkeley, Californie, États-Unis, USENIX Association, pp.341–352, 1990.

[BIZ 09] Bizer C., Lehmann J., Kobilarov G., Auer S., Becker C., and Cyganiak R., and Hellmann S., "Dbpedia a crystallization point for the web of data", Journal of Web Semantics, Vol.7(3), pp.154-165,2009.

[BRO 02] Broekstra J., Kampman A., and Harmelen F.V, " Sesame : A generic architecture for storing and querying rdf and rdf schema". In First International Semantic Web Conference, ISWC2002, Springer Verlag, pp.54-68, May 2002.

[BUF 08] Buffa M., Gandon F.L., Ereteo G., Sander P., and Faron C., "Sweetwiki : A semantic wiki", Journal of Web Semantics, Vol.6(1), pp.84-97, 2008.

[CAI 04a] Cai M., and Frank M.R., "'Rdfpeers: a scalable distributed rdf repository based on a structured peer to peer network", Proc. International Conference on World Wide Web, WWW, pp.650-657, 2004.

[CAI 04b] Cai M., Frank M.R., Chen J., and Szekely P.A., "Maan: A multi-attribute addressable network for grid information services", Journal of Grid Computing, Vol. 2(1), pp.3–14.

[CAR 07] Cart M., and Ferrié J., « Asynchronous reconciliation based on operational transformation for p2p collaborative environments", 3rd International Conference on Collaborative Computing: Networking, Applications and Worksharing, Mai 2007.

Références bibliographiques

[COL 04] Collins-Sussman B., Fitzpatrick B. W., and Pilato C. M., "Version control with Subversion", O'Reilly & Associates, Inc., 2004.

[CED 02] Cederqvist P., "Version Management with CVS". Network Theory Ltd., December 2002.

[COL 05] CollabNet. Subversion, http://subversion.tigris.org/, Septembre 2005.

[DEM 94] Demers A., Petersen K., Spreitzer M., Terry D., Theimer M., and Welch B., "The bayou architecture : Support for data sharing among mobile users". In IEEEWorkshop on Mobile Computing Systems and Applications., 1994

[DZA 12] Dzafic I., Neisius H.T., and Mohapatra P., "High performance power flow algorithm for symmetrical distribution networks with unbalanced loading', Int. J. Computer Applications in Technology, Vol. 43(2), pp.79-187, 2012.

[ELL 91] Ellis C., Gibbs S., and Rein G., "Groupware, Some issues and experiences", Communications of the ACM, Vol. 34(1), pp. 38-58, 1991.

[EUG 03] Eugster P.T., Guerraoui R., Handurukande S.B., Kouznetsov P., and Kermarrec A.M., "Lightweight Probabilistic Broadcast", ACM Transactions on Computer Systems. Vol. 21(4), pp.341-374, 2003.

[FON 02] Fontaine R., "Merging XML files: a new approach providing intelligent merge of XML data sets", In Proceedings of XML Europe, Barcelona, Spain, 2002.

[GAN 12] Gance S., Description de WebCT, Portland State University, http://www.webct.pdx.edu/faculty/basics.html, 2012.

[GEN 12] Gennari J. H., Musen M. A., Fergerson R. W., Grosso W. E., Crubezy M., Eriksson H., Noy N. F., and Tu S. W., "The evolution of Prot´eg´e: An environment for knowledge-based systems development", Technical Report SMI-2002-0943, Stanford Medical Institute, 2002.

[GOO 12a] GoogleDoc, Create and share your work online, http://docs.google.com, 2012.

[GOO 12b] Google Wave. http://wave.google.com/, 2012.

[GUY 99] Guyennet H., Garcia E., and Lapayre J.C., "Multimedia integration in cooperative work", Proceedings of the fifth international conference on information systems analysis and synthesis, ISAS99, Orlando, USA, 1999.

[HER 90]   Herlihy M., and Wing J., "Linearizability : A correctness condition for concurrent objects", ACM Trans. Program, Lang. Syst., Vol. 2(3), pp.463-492, 1990.

[HOY 02]   Hoyos-Rivera G.J., Lima-Gomes R., and Courtiat J.P., "A Flexible Architecture for Collaborative Browsing", 11th IEEE WETICE, Workshop on Web-Based Infrastructures and Coordination Architectures for Collaborative Enterprises, Carnegie-Mellon University, Pittsburgh, Pennsylvania, USA, 2002.

[IBA 12]   Ibanez L.D., Skaf-Molli H., Molli P., and Corby O., "Synchronizing semantic stores with commutative replicated data types", Proc. 21st international conference companion on World Wide Web, pp.1091-1096, 2012.

[IMI 06]   Imine A., Rusinowitch M., Oster G., and Molli P., "Formal design and verification of operational transformation algorithms for copies convergence", Theoretical Computer Science, Vol.351(2), pp.167–183, 2006.

[ING 04]   Ignat C.L.,and Norrie M.C., "Operation-based versus State-based Merging in Asynchronous Graphical Collaborative Editing", Sixth International Workshop on Collaborative Editing Systems, CSCW'04, IEEE Distributed Systems online, November 2004.

[ING 07]   Ignat C.L., and Oster G., "Flexible Reconciliation of XML Documents in Asynchronous Editing", in International Conference on Enterprise Information Systems: Software Agents and Internet Computing – ICEIS 2007, Funchal, Madeira, Portugal, June pp 359-366, 2007.

[ING 08]   Ignat C.L., Papadopoulou S., Oster G., and Norrie M.C., "Providing Awareness in Multi-synchronous Collaboration Without Compromising Privacy", in ACM Conference on Computer-Supported Cooperative Work, CSCW2008, San Diego, California, USA, pp.659-668, November 2008.

[ING 09]   Ignat C.L., Oster G., and Molli P., "DooSo6: Easy collaboration over shared projects". . In Proceedings of the 6th International Conference on Cooperative Design, Visualization and Engineering, CDVE2009, Luxembourg, Luxembourg, p. 56-63 September 2009.

[JEN 12]   Jena Framework, http://jena.sourceforge.net, 2012.

[KAW 05]   Kawanami S., Nishimura T., Enokido T., and Takizawa M., "A Scalable Group Communication Protocol with Global Clock", AINA, pp.625- 630, 2005.

[KER 01]   Kermarrec A.M., Rowstron A., Shapiro M., and Druschel P., "The IceCube approach to the reconciliation of divergent replicas", In Proceedings of the 20th PODC, ACM Press, pp. 210–218, 2001.

[KHO 98]   Khoshafian S., and Buckiewicz M., "Groupware et Workflow", Interéditions, ISBN 2-225-82926-8, 1998.

[KRA 88]   Kraemer K.L., and King J.L., *"Computer-Based Systems for Cooperative Work and Group Decision Making"*, ACM Computing Surveys, Vol. 20(2), pp. 115-146, 1988.

[KRE 07]   Krtzsch M., Vrandecic D., Vlkel M., Haller H., and Studer R., "SemanticWikipedia", *Journal of Web Semantics: Science, Services and Agents on the World Wide Web*, Vol. 5(4), pp 251–261, 2007.

[KSH 98]   Kshemkalyani A.D., and Singhal M, "Necessary and Sufficient Conditions on Information for Causal Message Ordering and Their Optimal Implementation", *Distributed Computing*, Vol. 11(2), pp.91–111, 1998.

[KUR 10]   Kurki J., and Eero H., "Collaborative Metadata Editor Integrated with Ontology Services and Faceted Portals", *Proc. CEUR Workshop, Workshop on Ontology Repositories and Editors for the SemanticWeb*, ORES , the Extended Semantic Web Conference, 2010.

[LID 04]   Li D., and Li R., "Preserving operation effects relation in group editors", in: Proceedings of ACM Conference on Computer Supported Cooperative Work, CSCW, , pp.457–466,2004.

[LLO 11]   Lloyd W., Freedman M.J., Kaminsky M., and Andersen D.G., "Don't settle for eventual: scalable causal consistency for wide-area storage with COPS", SOSP, pp. 401-416, 2011.

[LOT 12]   Lotus Sametime http://www.lotus.com/sametime, 2012.

[LUS 03]   Lushman B., and Cormack G.V., "Proof of correctness of ressel's adopted algorithm", Information Processing Letters, Vol.86(6), pp.303–

310, 2003.

[MAR 10] Martin S., Urso P., and Weiss, S, "Scalable XML Collaborative Editing with Undo", *Proc. International Conference on Cooperative Information System*, CoopIS, 2010.

[MAS 11] Masmoudi N.K., Rekik C., Djemel M., and Derbel, N, 'Hierarchical control for discrete large-scale complex systems by intelligent controllers', Int. J. Computer Applications in Technology, Vol. 42, No. 1, pp.1-12, 2011.

[MIC 12] Microsoft Office Live Meeting http://office.microsoft.com/en-gb/livemeeting/FX101729061033.aspx, 2012.

[MOL 03] Molli P., Oster G., Skaf-molli H., and Imine A., "Using the transformational approach to build a safe and generic data synchronizer", *ACM Press, editor, ACM SIGGROUP Conference on Supporting Group Work*, pp.212–220, 2003.

[MON 09] Mongin D.P., « Boostez votre efficacité avec FreeMind », ISBN : 978-2-212-12448-4, Groupe Eyrolles, 2009.

[MOO 12] Moodle, http://moodle.org/, 2012.

[NED 02] Nejdl W., Wolf B., Qu C., Decker S., Naeve M. S. A., Nilsson M., Palmer M., and Risch T., "EDUTELLA: A P2P networking infrastructure based on RDF", Proceedings of the 11th international conference on World Wide, ACM, 2002.

[NET 12] NetDive http://www.netdive.com/, 2012.

[OLK 06] Olkel M. V., Otzsch M. K., Vrandecic D., Haller H., and Studer R., "Semantic Wikipedia". Proceedings of the 15th international conference on World Wide Web, pp.585-594, 2006.

[OST 06] Oster G., Molli P., Urso P., and Imine A., "Tombstone transformation functions for ensuring consistency in collaborative editing systems", in International Conference on Collaborative Computing: Networking, Applications and Worksharing, CollaborateCom, pp.1–10, 2006.

[OST 07] Oster G, Skaf-Molli H., Molli P., and Naja-Jazzar H., "Supporting Collaborative Writing of XML Documents", in International Conference on Enterprise Information Systems: Software Agents and Internet Computing, ICEIS 2007, Funchal, Madeira, Portugal, pp.335-342, jun

2007.

[OST 09] Oster G., Molli P., Dumitriu S., and Mondéjar R., "UniWiki: A Collaborative P2P System for Distributed Wiki Applications", in 18th IEEE International Workshops on Enabling Technologies: Infrastructures for Collaborative Enterprises, WETICE 2009, Groningen, The Netherlands, pp.87-92, June 2009.

[PAU 04] Paul B.L., Aaron C., and Michelle R.L., "Building a taxonomy and nomenclature of collaborative writing to improve interdisciplinary research and practice", Journal of Business Communication, Vol.41(1), pp.66-99, 2004.

[PLA 07] Platine Web site, http://www.laas.fr/PLATINE, 2012.

[PRA 97] Prakash R., Raynal M., and Singhal, M., "An Adaptive Causal Ordering Algorithm Suited to Mobile Computing Environments", *Journal of Parallel and Distributed Computing*, Vol. 41(2), pp. 190–204, 1997.

[PRE 09] Preguic, N.M., Marques, J.M., Shapiro, M., and Letia M., "A commutative replicated data type for cooperative editing", *Proc. International Conference On Distributed Computing Systems*, IEEE Computer Society, pp.395–403, 2009.

[PRO 12] Produit WebCT. – http://www.webct.com, 2012.

[QUI 08] Quilitz B., and Leser U., "Querying Distributed RDF Data Sources with SPARQL", *Proc. European Semantic Web Conference on The Semantic Web: Research and Applications*, pp.524–538, 2008.

[RES 96] Ressel M., Nitsche-Ruhland D., and Gunzenhäuser R., "An integrating, transformation-oriented approach to concurrency control and undo in group editors", in: Proceedings of ACM Conference on Computer Supported Cooperative Work, CSCW, pp.288–297, 1996.

[ROH 11] Roha, H.G, Jeon M., and Kimc J.S., "Lee Replicated abstract data types: Building blocks for collaborative applications", *Journal of Parallel and Distributed Computing*, Vol. 71(3), pp. 354–368, 2011.

[SAL 05] Salah I., Kadmi A., and Reyes E., « *L'hypermédia au service du travail collaboratif* », édition Hermès, Juin 2005

[SAI 05] Saito Y., and Shapiro M., "Optimistic replication", ACM Comput Surv, Vol.37(1), pp.42–81, 2005.

[SAK 12]   Sakai, http://sakaiproject.org/, 2012.

[SEL 07]   Sellami M., Zarzour H., Khadir M.T., and Slimani Y., "A Grid Based Environment for SARIMA and other North-African projects", IST-Africa Conference Proceedings, Paul Cunningham and Miriam Cunningham (Eds), IIMC International Information Management Corporation, ISBN: 1-905824-04-1, 2007.

[SHA 11]   Shapiro M., Preguica N., Baquero C., and Zawirski M. "A comprehensive study of Convergent and Commutative Replicated Data Types", Research Report RR-7506, INRIA, 2011.

[SPA 12]   SPARQL 1.1 Update, http://www.w3.org/TR/sparql11-update/, 2012.

[SKA 09]   Skaf-Molli H., Rahhal C., and Molli, P., "Peer-to-peer Semantic Wikis", *Proc. International Conference on Database and Expert Systems Applications*, pp. 196–213, 2009.

[SUL 00]   Suleiman M., Cart M., and Ferrié J., "Concurrent operations in a distributed and mobile collaborative environment", in International Conference on Data Engineering, ICDE, IEEE Computer Society, pp.36–45, 1998.

[SUN 00]   Sun C., "Undo any operation at any time in group editors", In Computer supported cooperative work, Philadelphia, Pennsylvania, USA, pp.191-200, 2000.

[SUN 98b] Sun C., Jia X., Zhang Y., Yang Y., and Chen D., "Achieving convergence, causality preservation, and intention preservation in real-time cooperative editing systems", ACM Transactions on Computer-Human Interaction, Vol. 5(1), pp. 63–108, 1998.

[SYL 04]   Sun C., and Ellis C.S., "Operational transformation in real-time group editors: issues, algorithms, and achievements", in: Proceedings of ACM Conference on Computer Supported Cooperative Work, CSCW, pp.59–68, 1998.

[SYL 04]   Sylvie N.I., and Jean-Marc R., "Empirical study on collaborative writing :What do co-authors do, use, and like ? Computer Supported Cooperative Work, Vol. 13(1), pp.63-89, 2004.

[TIM 05]   Tim O'Reilly., "What is web 2.0, design patterns and business models for the next generation of software", http

://www.oreillynet.com/pub/a/oreilly/tim/news/2005/09/30/what-isweb-20.html, September 2005.

[TIX 12]   Tixeo Soft http://www.tixeo.com/, 2012.

[TSA 11]   Tsatsanifos G., Sacharidis D., and Sellis T., « On Enhancing Scalability for Distributed RDF/S Stores", *Proc. International Conference on International Conference on Extending Database Technology*, pp.141–152, 2011.

[TUD 07]   Tudorache T., and Noy N.F, « Collaborative Protégé. Proc. Workshop on Social and Collaborative Construction of Structured Knowledge", Banff City, 2007.

[TUM 04]   Tummarello G., Morbidoni C., Petersson J., Piazza F., and Puliti P., "RDFGrowth, a P2P annotation exchange algorithm for scalable Semantic Web applications", In Proceedings of the MobiQuitous 04 Workshop on Peer-to-Peer Knowledge Management, P2PKM2004, Boston, MA, USA, August 22, 2004.

[TUM 07]   Tummarello G., Morbidoni C., Bachmann-gmur R., and Erling O., "Rdfsync: Efficient remote synchronization of rdf models", *Proc. International Semantic Web and Asian Semantic Web Conference*, pp. 537–551, 2007.

[VAL 04]   Valduriez P., and Pacitti E., "Data management in large-scale p2p systems", *Springer Int. Conf. on High Performance Computing for Computational Science (VecPar)*, pp.109–122, 2004.

[VID 00]   Vidot N., Cart M., Ferrié J., and Suleiman M., "Copies convergence in a distributed real-time collaborative environment", in ACM Conference on Computer Supported Cooperative Work, CSCW, pp. 171–180, 2000.

[WEB 12]   WebEx Web site http://www.webex.com/, 2012.

[WEI 09]   Weiss S., Urso P., and Molli P., "Logoot : a scalable optimistic replication algorithm for collaborative editing on p2p networks", In International Conference on Distributed Computing Systems ICDCS'09. IEEE Computer Society, 2009.

[WEI 10]   Weiss S., Urso P., and Molli P., "Logoot-Undo: Distributed Collaborative Editing System on P2P Networks", *IEEE Transactions on Parallel and Distributed Systems*, Vol. 21(8), pp.1162–1174, 2010.

[WIK 12]   WikiWikiWeb: http://c2.com/cgi/wiki?WikiWikiWeb, 2012.

[YAO 11]   Yao Q., Sun Y.Q., and Wang H.Y., "A novel approach to global software development for chartered enterprises", Int. J. Computer Applications in Technology, Vol. 40, No. 3, pp.149-159, 2011.

[ZAR 07]   Zarzour H., and Sellami M., "Environnement collaboratif à base de GRID pour la construction interactive d'ontologies partagées", International Confernece on Computer Integrated Manufacturing, CIP'2007, Ferhat ABBAS University, Setif, Algeria, November, 2007.

[ZAR 08]   Zarzour H., and Sellami M., "Environnement collaboratif Multimodal à la puissance GRID", 9e Colloque Africain sur la Recherche en Informatique et en Mathématiques Appliquées ", CARI'08, Rabat, Maroc, 27-30 Octobre 2008.

[ZAR 12]   Zarzour H., and Sellami M., "B-Set: a synchronization method for distributed semantic stores", International Conference on Complex Systems, http://ieeexplore.ieee.org/xpl/articleDetails.jsp?arnumber=6458550, Agadir, Morocco, November 5 - 6, 2012.

[ZAR 13a] Zarzour H., and Sellami M., "srCE: a Collaborative Editing of Scalable Semantic Stores on P2P Networks", Int. J. of Computer Applications in Technology, Vol.48(1), 2013.

[ZAR 13b] Zarzour H., Bouchrika I., and Sellami M., "Cohérence des Mind-Mappings distribués dans un éditeur collaboratif", International Conference on Systems and Processing Information, Guelma, Algeria, May 12-14, 2013.

[ZAR 13c] Zarzour H., and Sellami M., "p2pCoSU: a P2P Sparql/update for collaborative authoring of triple-stores", IEEE 11th International Symposium on Programming and Systems, Algiers, Algeria, April 22-24.

Oui, je veux morebooks!

I want morebooks!

Buy your books fast and straightforward online - at one of the world's fastest growing online book stores! Environmentally sound due to Print-on-Demand technologies.

Buy your books online at
www.get-morebooks.com

Achetez vos livres en ligne, vite et bien, sur l'une des librairies en ligne les plus performantes au monde!
En protégeant nos ressources et notre environnement grâce à l'impression à la demande.

La librairie en ligne pour acheter plus vite
www.morebooks.fr

VDM Verlagsservicegesellschaft mbH
Heinrich-Böcking-Str. 6-8
D - 66121 Saarbrücken

Telefax: +49 681 93 81 567-9

info@vdm-vsg.de
www.vdm-vsg.de

Printed by Books on Demand GmbH, Norderstedt / Germany